T0095020

TALLER DE MACROS
EN HOJA DE CÁLCULO

TALLER DE MACROS EN HOJA DE CÁLCULO

Izcoatl Inzunza Romero

Número de Control de la Biblioteca del Congreso de EE. UU.:   2012907328
ISBN: Tapa Dura   978-1-4633-2785-9
                  Tapa Blanda   978-1-4633-2786-6
                  Libro Electrónico   978-1-4633-2787-3

Para pedidos de copias adicionales de este libro, por favor contacte con:
Palibrio
1663 Liberty Drive
Suite 200
Bloomington, IN 47403
Llamadas desde los EE.UU. 877.407.5847
Llamadas internacionales +1.812.671.9757
Fax: +1.812.355.1576
ventas@palibrio.com
356264

ÍNDICE

**Dedico ésta obra a Dios todo poderoso,
sin él nada es posible,**

A mi Padre Don René Inzunza, mi Madre Doña María Ana Romero, mi Esposa Eva Nathyeli Villagómez, a mis hijas Sofía Belén y Valeria Nathyeli, a quienes con paciencia y amor me han apoyado en todo momento, sacrificando parte del tiempo que le he dedicado al presente trabajo.

A todos los maestros y maestras quienes han sembrado la semilla del conocimiento que hoy prospera, que hoy rinde uno de los frutos, en especial un reconocimiento póstumo a los maestros C.P. Jesús Domínguez Pérez y C. P. Antonio Velázquez y Sánchez, reconocimiento en vida al C. P. Carlos Enrique Zenteno Alanís, quien gracias a Dios es un amigo que aun sigue trabajando arduamente en la profesión contable con una larga trayectoria de servicio, a C. P. Graciela Chuw de León y C.P. Rosa María López Gómez grandes profesionistas y Maestras.

A la Universidad Abierta y a Distancia que es una gran institución que estoy seguro tendrá su impacto positivo en aquellos que emprendan una carrera en pro de un México mejor.

Al Instituto Tecnológico Regional de La Paz, mi Alma Máter.

INTRODUCCIÓN

El presente texto trata de exponer con ejemplos prácticos el uso de las Macros de la hoja de cálculo todas hechas en el programa Excel Office® de Microsoft Corporation©, procurando que de una manera sencilla el lector comprenda la sintaxis que lleva una Macro, que propiamente no es un programa para generar aplicaciones independientes, sino una herramienta adicional que maximiza la funcionalidad de la hoja de cálculo.

Los programas o macros ejemplo son sugerencia propia, pueden modificarse y mejorar la sintaxis a gusto y/o preferencia del lector, ya que existen infinito número de variantes en el código que pudieran tener el mismo objetivo y resultado para al cual fueron programados. En los ejemplos se procurará la explicación a detalle con el fin de que el lector este en posibilidad de modificar o usar el código sugerido, ya sea total o parcialmente.

No hay mejor maestro que el ensayo y el error, gracias a esto descubrí que existía el editor de Macros, hay que tener la mente abierta para visualizar todas las posibilidades y elegir la más conveniente, procurando con la práctica ir depurando la técnica de programación.

No hay límites en el mundo virtual, solo los límites que tu mente desee ponerte, y al final del día descubrirás que después del límite hay más cosas por explorar.

Todo lo que se maneje en hoja de cálculo puede ser controlado, automatizado y/o simplificado desde el editor de programación, lo que permite la creación de hojas dinámicas, simuladores de cálculos diversos, importación y/o exportación de datos hacia otras aplicaciones, etc., reconociendo que si se desea un programa autónomo se deberá buscar un programa de cómputo específico para ello.

En las primeras páginas se hará una breve descripción de lo que son las Macros y la sintaxis, con el fin de que el lector se familiarice y conozca las opciones disponibles, aclarando que no se abundará en todas las funciones disponibles ya que es un taller práctico muy básico.

A partir conforme se avance en el texto se desarrollaran pequeñas Macros para ejemplificar su funcionamiento procurando explicar a detalle las líneas cuando así lo requiera por su complejidad.

Para mí es muy importante su opinión, es por ello pongo a su disposición el siguiente Blog como complemento informativo: http://macros-en-hoja-de-calculo.blogspot.mx/. Esperando que "taller de Macros en hoja de cálculo" sea de su utilidad para los fines que los desee aplicar, agradezco de antemano la confianza que han depositado en un servidor al adquirir éste presente trabajo.

Izcoatl Inzunza.

LOS FUNDAMENTOS

¿QUÉ ES UNA MACRO?

Es un conjunto de instrucciones escritas en lenguaje Visual Basic®de Microsoft Corporation que viene incluido en la hoja de cálculo, que tiene como fin el automatizar tareas y procesos administrativos, contables, etc., y para optimizar el tiempo de estas tareas.

¿Qué necesito para comenzar a programar Macros?

Es necesario primeramente tener conocimientos básicos de manejo de la hoja de cálculo, así como, de la tarea que desea automatizar.

Uno de los errores a que el usuario se puede enfrentar es el generar una macro pensando en que por este solo hecho se resolverán los problemas administrativos y de tiempo; hay que recordar que el programador es quien define el alcance y lo robusto de la macro, en caso de no dominar la tarea que se desea automatizar se pudiera estar cometiendo errores, con consecuencias negativas.

Es por lo anterior que es necesario definir primeramente algunas diferencias, de las Macros y de aplicaciones específicas independientes:

Programa o aplicación de escritorio	Hoja dinámica con Macros
- **Aplicación autónoma que no requiere tener algún programa específico para su ejecución, puede ser creado con algún compilador, como C++, etc.**	- Archivo de hoja de cálculo que puede convertirse en dinámica con la ayuda de Macros, para su ejecución es necesario el que se cuente con el programa de hoja de cálculo
- **No puede modificarse, solo si se cuenta con el compilador que lo creó y el código fuente,**	- Puede modificarse cada ocasión que sea necesario desde el editor de programación que viene incluido en la hoja de cálculo,
- **Soporta "n" cantidad de registros, y diversos tipos de datos definidos en la aplicación**	- Está limitado a cierto número de registros, y no soporta todo tipos de datos de registro (música, videos, etc.,)
- **Su acceso es limitado a usuarios que cuenten con clave de acceso,**	- Su acceso puede limitarse si de activa la opción de seguridad para acceso con clave
- **Su uso es específico para ciertas tareas para las cuales fue creado**	- La hoja de cálculo puede adaptarse a la necesidad de proceso de información del usuario

¿Cómo funcionan?

Primeramente se deberá tener en mente que es lo que se desea automatizar, así como, ver la factibilidad de elaborar la Macro u optar por hacer una aplicación en un programa para generar aplicaciones independientes. Las Macros son básicamente un prototipo de programa que por razones muchas veces de costo o porque son utilizadas específicamente para pocos o solo un usuario, no llegan a convertirse en aplicaciones finales independientes.

Una vez que se tenga la certeza de que la Macro es la mejor opción se deberá programar ya sea desde la hoja de cálculo o mediante el editor de programación. Su funcionamiento será ejecutando un botón de comando o presionando simultáneamente teclas previamente programadas para su realización. Es importante depurar constantemente el código y mantenerlo actualizado para conservar la utilidad y funcionalidad.

MACROS GENERADAS DESDE LA HOJA DE CÁLCULO.

Es importante empezar con un pequeño ejemplo práctico de cómo generar una Macro desde la hoja de cálculo sin tener conocimientos del código de programación, después de todo, este es un taller práctico, y es mediante ejercicios como se pretende llevar el conocimiento para desarrollar la habilidad como programador de Macros, de antemano asumo que se tiene conocimientos previos del uso de manejo de hoja de cálculo como utilizar los menús, algunas funciones, etc., si no es así, le sugiero tomar un curso básico.

En la parte superior de la hoja de cálculo se encuentra el menú principal, seleccionamos el menú "Vista" y posteriormente damos un clic con el puntero del ratón sobre el botón "Crear Macro":

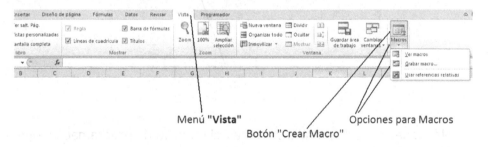

Menú **"Vista"**　　　　　　　　Opciones para Macros
Botón "Crear Macro"

Al seleccionar el botón para crear la Macro, desplegará la siguiente ventana:

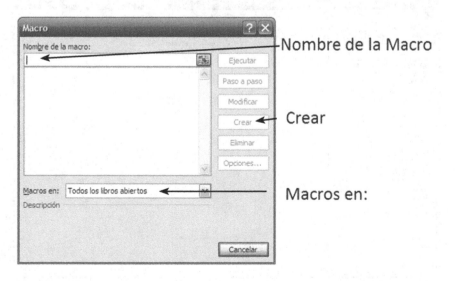

Nombre de la Macro

Crear

Macros en:

En nombre de la Macro capturamos "uno", ya que será nuestra primer Macro, dejamos activa la opción de "Todos los libros abiertos" y posteriormente elegimos "Crear":

Crear

Al seleccionar "crear" abrirá la ventana del entorno de programación que es el lugar donde se programaran las Macros

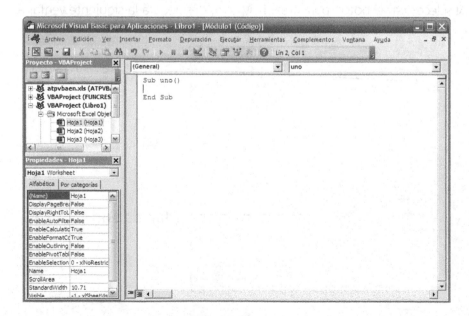

En la ventana del Editor entre las líneas que dicen "Sub uno( )" y "End Sub" capturamos el siguiente código:

ActiveCell.FormulaR1C1 = "=NOW()"

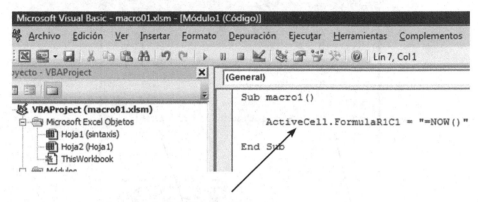

Cuando usamos **"ActiveCell.FormulaR1C1"** es para que en la celda actual de la hoja de cálculo se realice una acción, en este caso capturamos **"= Now ( )"** que es una función que insertará la fecha actual.

Minimizamos la ventana del editor de programación y guardamos el archivo. Después vamos a configurar el evento que ejecute la Macro, por lo en el menú principal elegimos la opción "Vista", y damos clic con el puntero del ratón en el botón de "Macro", lo que desplegará la siguiente ventana:

Opciones

Seleccionamos "Opciones" y eso desplegará la siguiente pantalla:

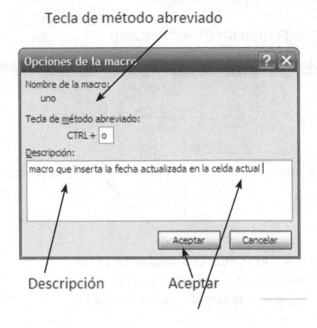

Tecla de método abreviado

Descripción   Aceptar

- En "Tecla de método abreviado" capturamos la letra "o",
- En descripción capturamos la función que desempeñará la macro, en este caso, cada vez que el *__evento__* de presionar simultáneamente las tecla de "Control" más la tecla de la letra "o", el evento ejecutará el contenido de la macro, la cual será programada para que en la celda actual inserte la fecha actual
- Una vez configurada la tecla y definida la descripción damos clic con el puntero del ratón en "Aceptar" y en la Ventana de "Macro" seleccionamos el botón "Ejecutar"

En el siguiente vínculo encontrará el archivo de ejemplo:
https://docs.google.com/open?id=0B-pDqvdevphYYWtvb01FRnZRZ2IJT01FOXZIMC1LUQ

ACTIVANDO EL MENÚ DEL PROGRAMADOR:

Primero debemos posicionarnos sobre la cinta de opciones con el puntero del ratón y hacemos clic con el botón derecho, lo que nos desplegará varias opciones, seleccionamos "Personalizar barra de herramientas de acceso rápido":

cinta de opciones

seleccionamos "Personalizar barra
de herramientas de acceso rápido"

Nos desplegará la siguiente ventana, seleccionamos en la barra de menú de la izquierda la opción "Más frecuentes" y se habilita la opción de "Mostrar ficha de programador en la cinta de opciones:

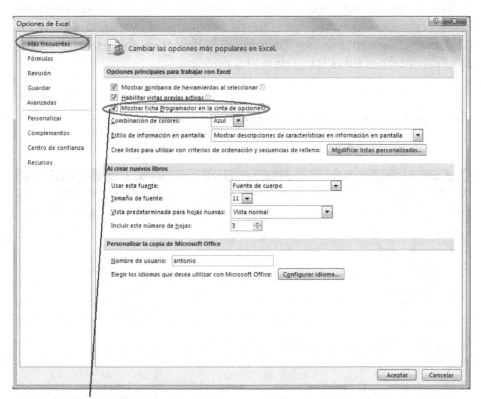

Habilitar casilla

Le hacemos clic en aceptar y nos mostrará en la cinta de opciones el menú de "Programador".

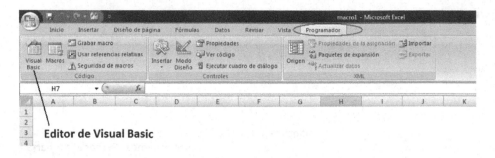

Editor de Visual Basic

ENTORNO DE PROGRAMACIÓN

El entorno de programación es la interface donde se programarán las Macros y básicamente para nuestro taller utilizaremos las ventanas de Exploración de Proyectos, Ventana de Propiedades, Ventana de Diseño Principal, y la Ventana del Depurador. Además es necesario conocer algunas opciones de la barra de menú principal.

Ventana de Exploración de Proyectos

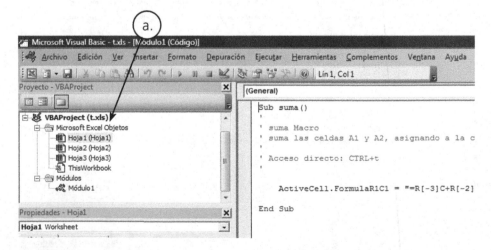

a) La ventana de exploración de proyectos visualiza y ordena los objetos del libro y los módulos, para hacer referencia a cada hoja del libro se utilizará la sentencia "Worksheets(nombre del libro)" que más adelante se explicará. También se despliegan los módulos que se hayan programado. También se despliegan los formularios "Forms" que servirán de ventanas emergentes y podrán contener botones de herramientas.

Ventanas de Propiedades

Las propiedades son las características que puede tener un objeto, se puede elegir el tipo de fuente, su tamaño, color, etc. del objeto seleccionado, así como, hacer más grande una ventana de formulario, cambiar su apariencia, etc., conforme se ocupe se explicarán como utilizar algunas propiedades.

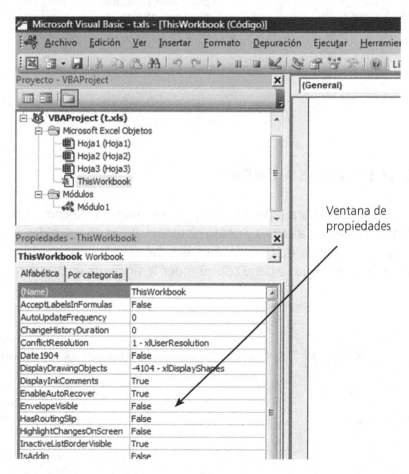

Ventana de propiedades

Ventana de Diseño/Programación

Cuando se selecciona algún objeto, modulo o formulario, se pueden programar en la ventana de diseño, seleccionando "ver código" o en el caso de los formularios, primeramente se agregan los controles y después se programan.

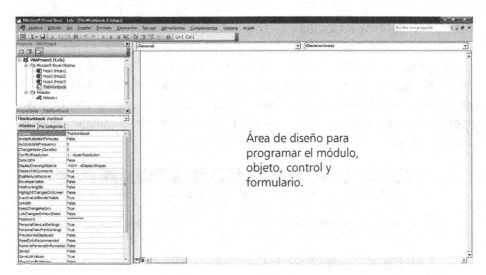

Área de diseño para programar el módulo, objeto, control y formulario.

ASIGNAR VALORES A CELDAS

Es importante que para empezar a programar macros, se comprenda el cómo asignar valores a celdas y como obtener valores de las celdas. Todos los reportes, bases de datos o formularios se realizarán en las hojas de cálculo, es por ello que se debe comprender la siguiente instrucción:

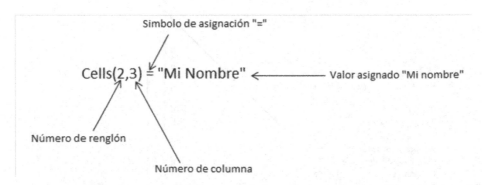

La instrucción "Cells" seguido de una relación de dos números entre paréntesis indica que en la celda ubicada en el renglón 2 y columna 3 (en este caso la columna "C") se asignará el valor de "Mi Nombre". Es importante mencionar que en el lenguaje de programación no podemos manejar valores alfabéticos como el nombre de las columnas de la hoja de cálculo (A, B, C,..., XFD), en su lugar la columna se manejará su número correspondiente, es decir, para la columna "A" el número es 1, para la columna "B" el número es 2 y así sucesivamente.

También se pueden asignar funciones a las celdas, siguiendo el ejemplo anterior sustituimos el valor asignado de "Mi Nombre" por la función "Now()" que obtiene del sistema la fecha actual.

Para comprender mejor el funcionamiento tanto de la sintaxis de "Cells" como de la función "Now()" realizaremos la siguiente Macro:

Primero seleccionamos del menú de "Programador" el botón de "Visual Basic®":

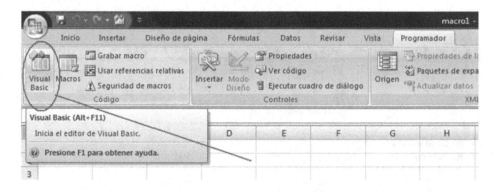

Nos desplegará la ventana del entorno de programación. Seleccionamos del menú principal "Insertar" y del menú que se despliegue seleccionamos "Modulo"

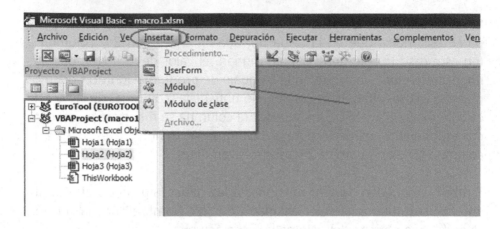

En la ventana de declaraciones capturamos el siguiente código:

```
Sub macro1()

        cells(2,3) = Now()

End Sub
```

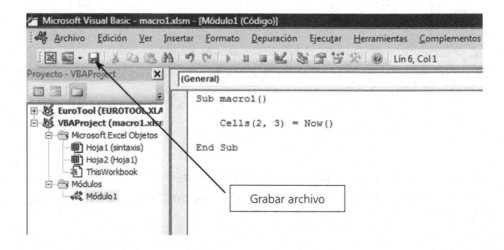

Después de capturar el código, seleccionamos el botón de "Grabar archivo" y regresamos a la hoja de cálculo.

Para ejecutar la macro presionamos simultáneamente las teclas "Alt + F8" o también desde el menú de "Programador" seleccionamos el botón "Macros" lo que nos despliega una ventana, seleccionamos "macro1" y posteriormente "Ejecutar".

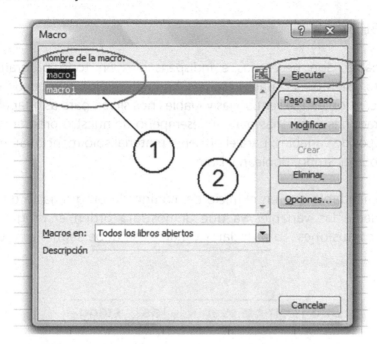

Esta acción escribirá la fecha actual en la celda "C2"

	A	B	C
1			
2			09/22/2011 13:15
3			

Probablemente esto no es muy complejo y puede realizarse capturando directamente la fecha y la hora, más bien, esta macro tiene como objetivo ejemplificar la asignación de valores o funciones mediante el código del lenguaje, ya que más adelante se utilizará con mucha frecuencia la asignación de datos en celdas de hoja de cálculo.

En el siguiente vínculo encontrará el archivo de ejemplo:
https://docs.google.com/open?id=0B-pDqvdevphYZV9QV05tckFTbUNnLXNaeX
Brb1N2dw

VARIABLES

Las variables son necesarias e indispensables en todo programa de cómputo y siempre estarán presentes. Variable es algo que puede tomar cualquier valor, en ese sentido las variables nos sirven para asignar el valor de operaciones necesarias para el desempeño de nuestro programa. Hay varios tipos de variables, para el presente material solo mencionaremos 5: Byte, Double, String, Boolean y Date.

Es recomendable que en el inicio del código de programa se declaren previamente las variables ya que demostrará orden al programar y evitará confusiones. Para declarar variables se debe seguir la siguiente sintaxis:

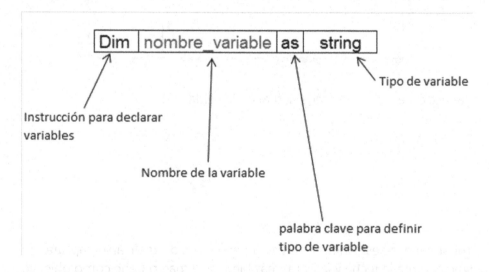

La instrucción "Dim" siempre deberá utilizarse para declarar variables, seguida del nombre de la variable. Cabe aclarar que hay nombres restringidos que no pueden utilizarse como nombre de variables, nombres de funciones, tipos de variable, instrucciones, etc.

Las variables deben comenzar con una letra, no pueden contener un punto, coma, o carácter de operación lógica o matemática. No puede declararse con un mismo nombre una variable con diferentes tipos (string, boolean, doublé, etc.)

Variables tipo "Byte"

Es una variable tipo numérica que almacena valores del 1 al 255. Un valor mayor a 255 o menor a 1 desborda la variable lo que provoca que se detenga el programa en tiempo de ejecución y mande un error.

Para ejemplificar lo anterior realizaremos 2 ejemplos diferentes, el primero asignaremos a una variable tipo Byte el resultado de una suma de dos edades, un segundo ejemplo realizaremos la resta de dos operaciones, procurando que la variable se desborde para demostrar el tipo de error.

Para el primer ejemplo es necesario en una hoja de cálculo crear el siguiente cuadro de datos:

	A	B
1	Nombre	Edad
2	Juan Xyz	24
3	José Abc	27
4	Suma de Edades	

Una vez capturado el cuadro de datos, seleccionamos del menú de "Programador" de la cinta de opciones "Grabar macro", y capturamos en los campos de la ventana de Grabar macro, lo siguiente:

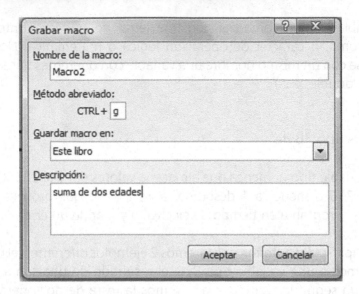

Nombre de la macro: <u>Macro2</u>
Método abreviado: teclas Ctrl + "g"
Guardar macro en: <u>Este libro</u>
Descripción: "<u>suma de dos edades</u>"

Seleccionamos el botón "Aceptar"

Posteriormente seleccionamos del menú de programador la opción "Detener grabación", lo que provoca que se finalice la creación de la macro, esto debido a que vamos a capturar directamente el código.

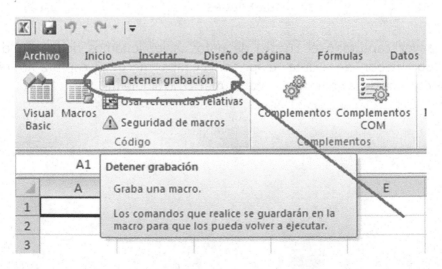

Seleccionamos el botón de Visual Basic®, para abrir el entorno de programación:

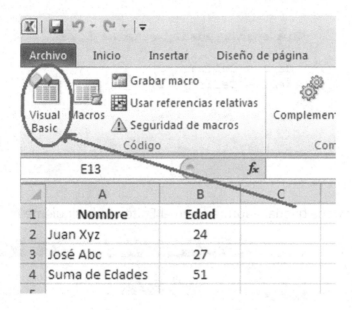

En la ventana de proyectos seleccionamos Módulos y posteriormente hacemos doble clic en "Módulo 1" y se visualizará en el editor el código:

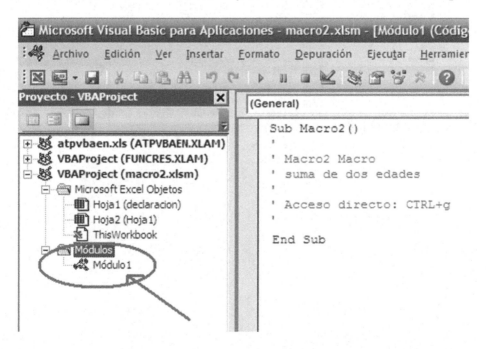

Antes de la línea final que dice "End sub" (fin) vamos a capturar el siguiente código:

```
Dim edad1, edad2, suma As Byte

edad1 = Cells(2, 2)
edad2 = Cells(3, 2)

suma = edad1 + edad2

Cells(4, 2) = suma
```

Por lo que debe quedar capturado en el Editor de la siguiente manera:

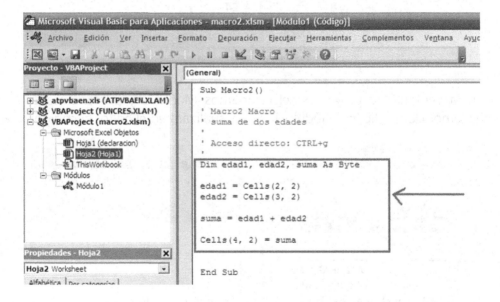

Grabamos el archivo con el nombre de "macro2.xlsm", el archivo debe guardarse "habilitado para macros" para que pueda correr las macros:

Y finalmente ejecutamos la macro oprimiendo simultáneamente las teclas "Ctrl + g", lo que debe realizar es registrar en la celda "B4" el resultado de la suma de las edades:

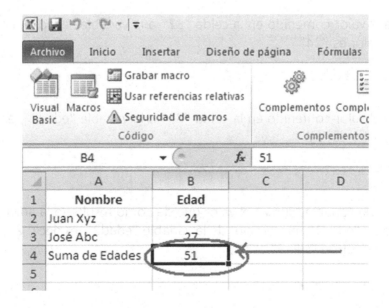

Ahora explicaremos línea por línea el código de la macro:

```
Sub Macro2()
```

Indica el inicio del código de la macro,

```
'
' Macro2 Macro
' suma de dos edades
'
' Acceso directo: CTRL+g
'
```

Los comentarios inician con una apostrofe (') y las líneas que se capturan posterior a la apostrofe no se compilan, simplemente sirven para señalar observaciones para el programador e indicaciones,

```
Dim edad1, edad2, suma As Byte
```

La instrucción "Dim" seguida por el nombre de las variables "edad1", "edad2" y "suma" inicializan las variables con el tipo "Byte", ya que estas variables contendrán número enteros positivos menores a 256,

```
edad1 = Cells(2, 2)
```

Asigna el valor contenido en la celda "B2" a la variable "edad1", en este caso el valor es "24"

```
edad2 = Cells(3, 2)
```

Asigna el valor contenido en la celda "B3" a la variable "edad2", en este caso el valor es "27"

```
suma = edad1 + edad2
```

Asigna a la variable "suma" el valor que da como resultado la adición de la variable "edad1" más el valor de la variable "edad2", es decir: 24 + 27 = 51, el valor de "suma" es 51,

```
Cells(4, 2) = suma
```

Asigna a la celda "B4" el valor de la variable "suma", en este caso es "51"

```
End Sub
```

Indica el final de la macro.

Es importante mencionar que los valores que asignamos son permitidos para el tipo de variable declarada como "Byte", en caso de asignar valores menores a cero o mayores de 255, la variable se desbordará y marcará error. Para ejemplificar este tipo de error utilizaremos el ejemplo anterior pero esta vez, se restarán las edades lo que ocasionará como resultado un número negativo que provocará un error en tiempo de ejecución y detendrá la macro.

En el siguiente vínculo encontrará el archivo de ejemplo:
https://docs.google.com/open?id=0B-pDqvdevphYeFBzQTRSVjZUODYwdThhM
UJtSFlBUQ

Variables tipo Double

Grabamos una nueva macro llamada "resta", el método abreviado para su ejecución serán las teclas "Ctrl + f",

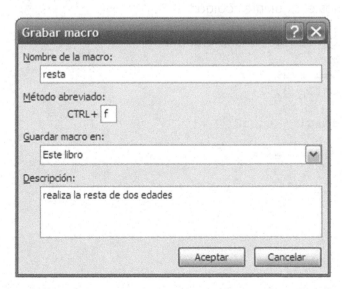

Posteriormente detenemos la ejecución de la macro [■ Detener grabación] y damos clic en el botón de "ver código" [⚏ Ver código], una vez que aparezca entorno de programación, seleccionamos de la ventana de proyectos el "Módulo 2":

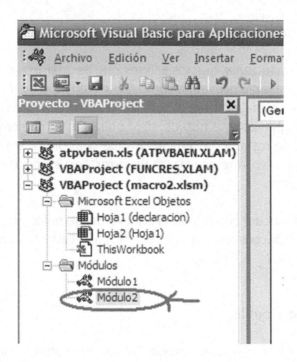

Y capturamos el siguiente código:

```
Dim edad1, edad2, resta As Byte

edad1 = Cells(2, 2)
edad2 = Cells(3, 2)

resta = edad1 - edad2

Cells(4, 2) = resta
```

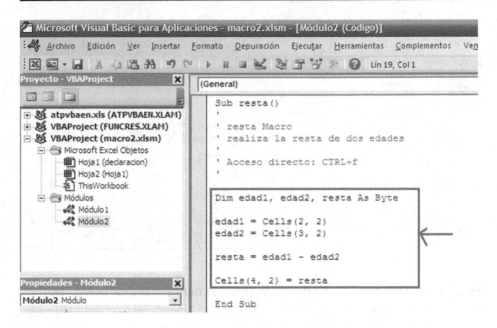

Las variables declaradas por la instrucción "Dim" como tipo "Byte", son las siguientes:

edad1 =   se le asignará la edad de la celda "B2",
edad2 =   se le asignará la edad de la celda "B3",
'resta =   se le asignará el resultado de restar el valor de la variable "edad2" a la variable "edad1"

Una vez capturado el código ejecutamos la macro desde la hoja de cálculo presionando simultáneamente las teclas "Ctrl + f"

Inmediatamente después de ejecutar la macro se producirá un error en tiempo de ejecución y desplegará desde el editor el siguiente mensaje:

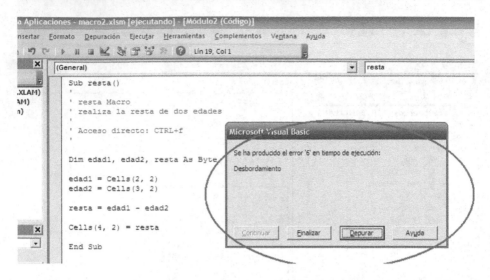

Este error como lo comentamos anteriormente es producido por el desbordamiento de la variable "resta" de tipo "Byte", ya que esta variable no puede tener valores menores a cero o mayores a 255.

Para no tener errores al momento de ejecutar la macro, se debe declarar la variable "resta" con otro tipo que acepte valores negativos en este caso, y que realice la operación si detener la macro.

El siguiente paso es declarar la variable "resta" como tipo "Double" que si admite valores negativos y valores -1.79769313486231 E 308 a 1,79769313486232 E 308. De la ventana de error en el editor seleccionamos "Depurar"

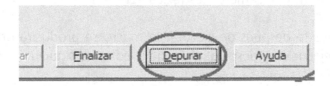

Detenemos la ejecución de la macro haciendo clic en el botón de "Detener":

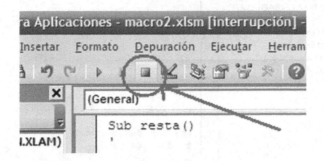

Y modificamos el código capturando las siguientes líneas:

```
Dim edad1, edad2, suma As Byte
Dim resta As Double

edad1 = Cells(2, 2)
edad2 = Cells(3, 2)

suma = edad1 + edad2
resta = edad1 - edad2

Cells(4, 2) = suma
Cells(5, 2) = resta
```

Se declaran como tipo "Byte" las variables edad1, edad2 y suma, la variable resta se declara como tipo "Double"

Adicionalmente a la resta se calculará también la suma, y se obtendrá el resultado de las dos operaciones en las celdas B4 y B5, el código al final deberá quedar capturado entre las líneas de "Sub resta()" y "End Sub"

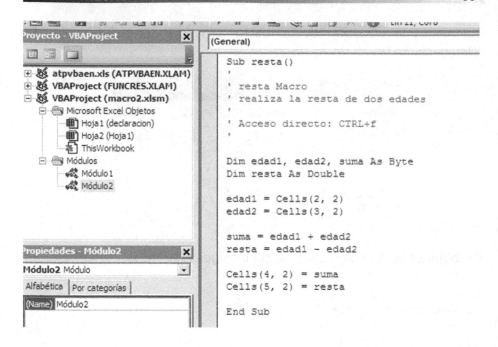

Ejecutamos la macro presionando simultáneamente las teclas Ctrl + f, y nos deberá realizar las operaciones y capturar los resultados en las celdas B4 para la suma y B5 para la resta:

En el siguiente vínculo encontrará el archivo de ejemplo:
https://docs.google.com/open?id=0B-pDqvdevphYeFBzQTRSVjZUODYwdThhM
UJtSFlBUQ

Variables tipo String

Las variables tipo "string" nos sirven para que se les asignen valores de cadenas alfanuméricas, como nombres, domicilios, etc.; para ejemplificar su uso, realizaremos un archivo que generará la concatenación de varias celdas de texto y pondrá el valor de la variable en una celda.

Concatenar dos variables de texto, es **unir** dos textos almacenados en dos celdas o dos variables. Este tipo de operaciones es útil cuando se desea exportar a un archivo de texto una base de datos de hecha en hoja de cálculo, para posteriormente importarlo a otro programa. El símbolo de concatenación es el **&**, ejemplo:

"Antonio IR" = "Antonio" & "IR"

En lenguaje de programación el resultado de la concatenación se tiene que asignar a una celda o a una variable, primero vamos a declarar el nombre y tipo de variable:

Dim Nombre as string

Una vez declarada le podemos asignar los valores:

Cells(1,2) = "Antonio" & "IR"   en este caso la concatenación se asigna la celda "B1"

O bien

Nombre = "Antonio" & "IR"   en este caso la concatenación se asigna a la variable "Nombre" y el valor

Cells(1,2) = "Antonio" & "IR"   de la variable se despliega en la celda "B1"

La siguiente macro concatenará el valor de varias celdas y los valores serán separados por el carácter "|".

En una hoja de cálculo capturamos la siguiente base de datos:

	A	B	C	D	E	F	G	H	I
1	Número	Nombre(S)	Apellido Paterno	Apellido Materno	CURP	RFC	Sexo		CONCATENAR
2	1	Antonio	abc1	xyz1	ABXA010101HBSBYN01	ABXA010101A01	M		
3	2	Rene	abc2	xyz2	ABXR010101HBSBYN02	ABXA010101A02	M		
4	3	Sofía	abc4	xyz4	ABXS010101MBSBYF04	ABXA010101A04	F		
5	4	Eva	abc6	xyz6	ABXE010101MBSBYV06	ABXA010101A06	F		
6	5	Valeria	abc7	xyz7	ABXV010101MBSBYL07	ABXA010101A07	F		

Primero en el Menú de Programador de la cinta de opciones seleccionamos "Grabar macro" y capturamos la siguiente configuración:

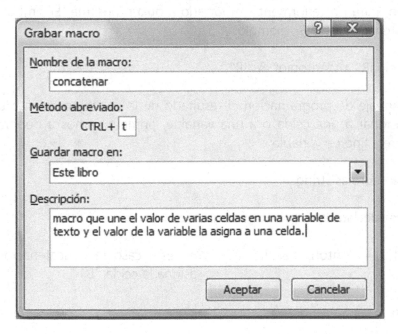

Posterior le damos detener del menú de Programador [Detener grabación], y abrimos el entorno de programación, una vez abierto en la ventana de proyectos seleccionamos "Módulo1" y capturamos el siguiente código:

```
  ▶  II  ■  ⊾  ⬚  ⬚  ⬚  ✻  ❷  Lin 31, Col 1

eneral)                                                      ▼  CONCATENAR

Sub CONCATENAR()
' concatenar Macro
' macro que une el valor de varias celdas en una variable de texto y el valor de la va
' Acceso directo: CTRL+t

Dim CONCATENAR As String 'Inicializar la variable CONCATENAR como tipo String

'línea 1
CONCATENAR = Cells(2, 1) & "|" & Cells(2, 2) & "|" & Cells(2, 3) & "|" & Cells(2, 4) _
& "|" & Cells(2, 5) & "|" & Cells(2, 6) & "|" & Cells(2, 7)
Cells(2, 9) = CONCATENAR
'línea 2
CONCATENAR = Cells(3, 1) & "|" & Cells(3, 2) & "|" & Cells(3, 3) & "|" & Cells(3, 4) _
& "|" & Cells(3, 5) & "|" & Cells(3, 6) & "|" & Cells(3, 7)
Cells(3, 9) = CONCATENAR
'línea 3
CONCATENAR = Cells(4, 1) & "|" & Cells(4, 2) & "|" & Cells(4, 3) & "|" & Cells(4, 4) _
& "|" & Cells(4, 5) & "|" & Cells(4, 6) & "|" & Cells(4, 7)
Cells(4, 9) = CONCATENAR
'línea 4
CONCATENAR = Cells(5, 1) & "|" & Cells(5, 2) & "|" & Cells(5, 3) & "|" & Cells(5, 4) _
& "|" & Cells(5, 5) & "|" & Cells(5, 6) & "|" & Cells(5, 7)
Cells(5, 9) = CONCATENAR
'línea 5
CONCATENAR = Cells(6, 1) & "|" & Cells(6, 2) & "|" & Cells(6, 3) & "|" & Cells(6, 4) _
& "|" & Cells(6, 5) & "|" & Cells(6, 6) & "|" & Cells(6, 7)
Cells(6, 9) = CONCATENAR


End Sub
```

Se utiliza el carácter "_" (guión bajo) para que una instrucción continúe en la siguiente línea. El código capturado es el siguiente:

```
Dim CONCATENAR As String
```

Inicializa la variable "CONCATENAR" como tipo String (cadena),

```
CONCATENAR = Cells(2, 1) & "|" & Cells(2, 2) & ...
& "|" & Cells(2, 7)
```

Asigna el valor de las celdas A2, B2, C2, D2, E2, F2 y G2 separados por el carácter "|", a la variable "CONCATENAR",

```
Cells(2, 9) = CONCATENAR
```

Registra en la celda I2 el valor de la variable "CONCATENAR"

Estas instrucciones son repetidas otras cuatro veces más. Al final de la captura regresamos a la hoja de cálculo y ejecutamos la macro presionando simultáneamente las teclas "Ctrl + t", el resultado debe ser que la macro registre los valores en las celdas I2 a la I6 el resultado de concatenar la celdas:

F	G	H	I
RFC	Sexo		CONCATENAR
A010101A01	M		1|Antonio|abc1|xyz1|ABXA010101HBSBYN01|ABXA010101A01|M
A010101A02	M		2|Rene|abc2|xyz2|ABXR010101HBSBYN02|ABXA010101A02|M
A010101A04	F		3|Sofía|abc4|xyz4|ABXS010101MBSBYF04|ABXA010101A04|F
A010101A06	F		4|Eva|abc6|xyz6|ABXE010101MBSBYV06|ABXA010101A06|F
A010101A07	F		5|Valeria |abc7|xyz7|ABXV010101MBSBYL07|ABXA010101A07|F

En el siguiente vínculo encontrará el archivo de ejemplo:
https://docs.google.com/open?id=0B-pDqvdevphYWVg1aWhyeDJSSUd1emVlV XpOUW55QQ

Variables tipo Boolean

Este tipo de variable admite solo dos tipos de valores que es "True" (verdadero) y "False" (falso). Es muy útil cuando se utilizan ciclos de control que más adelante se expondrán como el If, Do Loop y Do While.

Para ejemplificar el uso de esta variable utilizaremos una función para validar si un valor es una fecha, en caso de que si sea el resultado será "True" (verdadero), en caso de que no sea un formato valido de fecha o no se pueda convertir en fecha el resultado será "False" (falso):

En una hoja de cálculo capturamos la siguiente información en las celdas indicadas:

	A	B	C
1	Validador de fechas		
2			¿Es fecha?
3	Escribe la fecha de tu nacimiento:	05-Jun-77	
4	Escribe la fecha actual:	3 de octubre de 2011	
5			
6			

Posteriormente en el Menú de Programador de la cinta de opciones seleccionamos "Grabar macro" y capturamos la siguiente configuración:

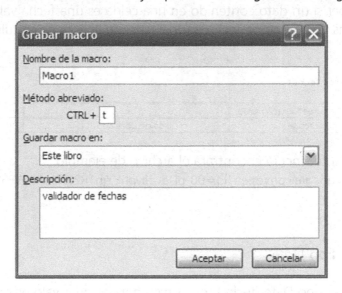

Posteriormente le damos detener grabación en el menú de Programador, abrimos el entorno de programación y una vez abierto seleccionamos de la ventana de proyectos "Módulo1", después capturamos el siguiente código:

```
Sub Macro1()
' Macro1 Macro
' validador de fechas
' Acceso directo: CTRL+t

Dim fecha1, fecha2 As String      'inicializa las variables como tipo string que
                                  'contendrán el valor de las celdas,
Dim esfecha1, esfecha2 As Boolean 'inicializa las variables tipo boolean
                                  'que contendrán los valores de falso y
                                  'verdadero,

fecha1 = Cells(3, 2)   'asigna el valor de la celda "C3" a la variable "fecha1"
fecha2 = Cells(4, 2)   'asigna el valor de la celda "C4" a la variable "fecha2"

esfecha1 = IsDate(fecha1)  'la función "IsDate" valida si la variable "fecha1" es
                           'una fecha valida y el resultado lo guarda en la variable
                           '"esfecha1"
esfecha2 = IsDate(fecha2)  'la función "IsDate" valida si la variable "fecha2" es
                           'una fecha valida y el resultado lo guarda en la variable
                           '"esfecha2"

Cells(3, 3) = esfecha1 'registra en la celda el valor de la variable tipo Boolean
                       'en la celda "D3"
Cells(4, 3) = esfecha2 'registra en la celda el valor de la variable tipo Boolean
                       'en la celda "D4"

End Sub 'fin de la macro
```

Al final de la captura regresamos a la hoja de cálculo y ejecutamos la macro presionando simultáneamente las teclas "Ctrl + t", el resultado será el saber si un dato contenido en una celda es una fecha valida o no puede considerarse como fecha para efectos de la hoja de cálculo:

◢	A	B	C
1	Validador de fechas		
2			¿Es fecha?
3	Escribe la fecha de tu nacimiento:	05-Jun-77	VERDADERO
4	Escribe la fecha actual:	3 de octubre de 2011	FALSO

En el siguiente vínculo encontrará el archivo de ejemplo:
https://docs.google.com/open?id=0B-pDqvdevphYYjh1R2JpTkxRNWF5VjRZYnpk
VHhTUQ

Variables tipo Date

Las variables tipo Date (fecha), nos sirven para asignar valores de fecha y hora. Es importante mencionar que dependiendo de la configuración de su hoja de cálculo, el valor de la fecha puede variar en función de cómo se capture, es decir, si usted tiene una configuración regional para su hoja de cálculo en donde primero se capture el día, mes y luego el año, el sistema automáticamente asignará al primer número el día y el segundo número el mes, si no captura el año, el sistema tomará como dato el año actual. En caso de que su configuración regional considere primero el mes y luego el día, en ese sentido deberá capturarse los valores para no capturar fechas equivocadas; Ejemplo:

- Configuración 1 [mm/dd]: si usted captura en una celda el valor: "10/12" la fecha sería "12 de octubre de 2011" (el año actual suponemos es el 2011),
- Configuración 2 [dd/mm]: tomando el valor anterior de "10/12" la fecha sería "10 de diciembre de 2011" (el año actual suponemos es el 2011).

Aclarado lo anterior, ejemplificamos el uso de variables tipo "Date", para lo cual vamos a calcular la diferencia entre fechas para determinar el número de periodos que se capitalizará una inversión, interés de la inversión y valor final de la inversión.

En una hoja de cálculo capturamos la siguiente información en las celdas indicadas:

⊿	A	B
1		
2	Monto de la Inversión	$100,000.00
3	Tasa de rendimiento Anual:	9%
4	Periodos de capitalización de intereses	mensual
5	Fecha de depósito	10-Oct-11
6	Fecha de vencimiento de la inversión	10-Abr-12
7		
8	Periodos de recapitalización:	
9	Intereses ganados	
10	Valor final de la inversión	
11		
12	Formula: K * (1+i)^n	
13	en donde:	
14	K = capital invertido	
15	i = tasa de interés del periodo	
16	n = número de periodo	

Posteriormente en el Menú de Programador de la cinta de opciones seleccionamos "Grabar macro" y capturamos la siguiente configuración:

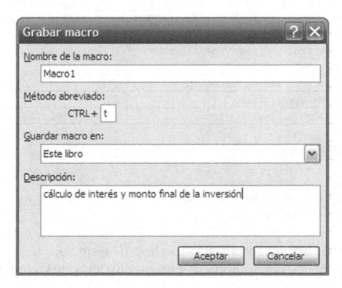

Posteriormente hacemos clic en detener grabación del menú de Programador, abrimos el entorno de programación para que una vez abierto, seleccionemos de la ventana de proyectos el "Módulo1" y capturamos el siguiente código:

```
Sub Macro1()
' Macro1 Macro
' cálculo de interés y monto final de la inversión
' Acceso directo: CTRL+t

Dim MONTO_INVERSION, INTERES, TASA, PAGOS, DIAS As Double
Dim FECHA_INICIAL, FECHA_FINAL As Date

MONTO_INVERSION = Cells(2, 2) 'ASIGNA EL VALOR DE LA CELDA B2 A LA VARIABLE MONTO_INVERSION
TASA = Cells(3, 2) 'ASIGNA EL VALOR DE LA CELDA B3 A LA VARIABLE TASA DE INTERES
FECHA_INICIAL = Cells(5, 2) 'ASIGNA EL VALOR DE LA CELDA B4 A LA VARIABLE FECHA_INICIAL
FECHA_FINAL = Cells(6, 2) 'ASIGNA EL VALOR DE LA CELDA B4 A LA VARIABLE FECHA_FINAL
DIAS = 365 / 12 'ASIGNA EL NÚMERO DE DÍAS PROMEDIO POR MES
PAGOS = (FECHA_FINAL - FECHA_INICIAL) / DIAS     'REALIZA LA DIFERENCIA DE FECHAS Y
                                                 'DETERMINA EL NÚMERO DE PAGOS
INTERES = MONTO_INVERSION * ((1 + TASA / 12) ^ PAGOS - 1) 'CÁLCULO DE INTERÉS DE LA INVERSIÓN

Cells(8, 2) = PAGOS
Cells(9, 2) = INTERES
Cells(10, 2) = MONTO_INVERSION + INTERES

End Sub
```

Al final de la captura regresamos a la hoja de cálculo y ejecutamos la macro presionando simultáneamente las teclas "Ctrl + t":

◢	A	B
1		
2	Monto de la Inversión	$100,000.00
3	Tasa de rendimiento Anual:	9%
4	Periodos de capitalización de intereses	mensual
5	Fecha de depósito	10-Oct-11
6	Fecha de vencimiento de la inversión	10-Abr-12
7		
8	Periodos de recapitalización:	6.02
9	Intereses ganados	$ 4,598.07
10	Valor final de la inversión	$ 104,598.07
11		
12	Formula: K * (1+i)^n	
13	en donde:	
14	K = capital invertido	
15	i = tasa de interés del periodo	
16	n = número de periodo	

En el siguiente vínculo encontrará el archivo de ejemplo:
https://docs.google.com/open?id=0B-pDqvdevphYQ0I4aVJtekpSRy1FX3FuYVRmVzV4QQ

Operadores aritméticos

Los operadores aritméticos nos ayudan a realizar operaciones matemáticas en las macros. Los operadores aritméticos tienen prioridad sobre los de comparación, y los de comparación tienen prioridad sobre los lógicos.

A continuación se presentan los operadores aritméticos en orden de prioridad:

Prioridad	Operador	Descripción
1	( )	Los paréntesis tienen la máxima prioridad, todo lo que aparezca dentro de un paréntesis se calculará en primer lugar, los paréntesis que se encuentren a la izquierda tendrán prioridad sobre los que se encuentren a la derecha, Resultado = (1 + 2) / 3 Resultado = 1
2	^	Exponenciación: este operador eleva a una determinada potencia Resultado = número ^ exponente Resultado = 2 ^ 3 Resultado = 8
3	*, /	* multiplicación Resultado = número1 * número2 Resultado = 3 * 2 Resultado = 6 / División Resultado = dividendo / divisor Resultado = 12 / 5 Resultado = 2.4
4	\, Mod	\ división entre números enteros Resultado = dividendo \ divisor Resultado = 12 \ 4 Resultado = 3 Mod devuelve el residuo de una división Resultado = 12 mod 5 Resultado = 2

5	+, -	+ Suma, adición de dos números Resultado = numero1 + numero2 Resultado = 1 + 1 Resultado = 2 - Resta, sustracción de dos números Resultado = número1 – número2 Resultado = 5 – 1 Resultado = 4
6	&	& concatenación, aunque no sea un operador aritmético, se presenta en este cuadro ya que se encuentra en último orden de prioridad después de los operadores aritméticos y tiene prioridad antes que los operadores de comparación Resultado = cadena1 & cadena2 Resultado = "Izcoatl" & "Antonio" Resultado = "Izcoatl Antonio"

Operadores de comparación

Los operadores de comparación tienen la misma prioridad, es decir su prioridad se evalúa de izquierda a derecha. Los operadores de comparación son muy útiles y necesarios en las estructuras de control. A continuación se exponen algunos de los principales operadores de comparación:

Operador	Descripción
=	Igualdad Elemento1 = elemento2 ➜ Verdadero Si 2 = (1 + 1) entonces ➜ Verdadero Elemento1 = elemento2 ➜ Falso Si 2 = (1+2) entonces ➜ Falso
<>	Desigualdad Elemento1 <> elemento2 ➜ Verdadero Si 2 <> (1+2) ➜ Verdadero Elemento1 <> elemento2 ➜ Falso Si 2 <> (1+1) ➜ Falso

<	Menor que Elemento1 < elemento2 ➔ Verdadero Si 2 < (1+2) ➔ Verdadero Elemento1 < elemento2 ➔ Falso Si 2 < (1+1) ➔ Falso
>	Mayor que Elemento1 > elemento2 ➔ Verdadero Si 4 > (1+2) ➔ Verdadero Elemento1 < elemento2 ➔ Falso Si 2 > (1+1) ➔ Falso
<=	Menor o igual que Elemento1 <= elemento2 ➔ Verdadero Si 2 <= (1+2) ➔ Verdadero Elemento1 <= elemento2 ➔ Verdadero Si 3 <= (1+2) ➔ Verdadero Elemento1 <= elemento2 ➔ Falso Si 4 <= (1+1) ➔ Falso
>=	Mayor o igual que Elemento1 >= elemento2 ➔ Verdadero Si 4>= (1+2) ➔ Verdadero Elemento1 >= elemento2 ➔ Verdadero Si 3 >= (1+2) ➔ Verdadero Elemento1 >= elemento2 ➔ Falso Si 1>= (1+1) ➔ Falso

Operadores Lógicos

Los operadores lógicos aparecen en orden de prioridad y se utilizan en las estructuras de control. A continuación se exponen algunos de los principales operadores

Prioridad	Operador	Descripción
1	Not	Negación Para el uso de la negación es necesario inicializar variables de tipo Boolean, ya que el resultado de las expresiones se asignan en variables con valores de "True" (verdadero) o "False" (falso), también son utilizados en las estructuras de control sin necesidad de asignar el resultado a una variable: Dim Resultado as Boolean Dim elemento1, elemento2 as Byte elemento1 = 5 elemento2 = 10 Resultado = Not (elemento1 > elemento2) Resultado = True Resultado = Not (elemento1 < elemento2) Resultado = False
2	And	Conjunción lógica Es utilizado para realizar la conjunción lógica de dos expresiones, su uso es muy común en las estructuras de control, para establecer que se cumplan dos condiciones, también se puede asignar el resultado a una variable de tipo Boolean, ejemplo: Dim Resultado as Boolean Dim elemento1, elemento2 as Byte elemento1 = 5 elemento2 = 10 Resultado = (elemento1 < elemento2) And (1 < 2) Resultado = True Resultado = (elemento1 > elemento2) And (1 < 2) Resultado = False Resultado = (elemento1 < elemento2) And (1 > 2) Resultado = False Para que el resultado sea verdadero las dos expresiones lógicas deberán ser verdaderas, si una de ellas es verdadera y la otra falsa el resultado será "falso", si las dos expresiones son falsas el resultado también es falso.

3	Or	Disyunción lógica
		Es utilizado para realizar la disyunción lógica de dos expresiones, su uso es muy común en las estructuras de control, para establecer que se cumpla una de dos condiciones, también se puede asignar el resultado a una variable de tipo Boolean, ejemplo: Dim Resultado as Boolean Dim elemento1, elemento2 as Byte elemento1 = 5 elemento2 = 10 Resultado = (elemento1 < elemento2) And (1 < 2) Resultado = True Resultado = (elemento1 > elemento2) And (1 < 2) Resultado = True Resultado = (elemento1 < elemento2) And (1 > 2) Resultado = True Resultado = (elemento1 > elemento2) And (1 > 2) Resultado = False Para que el resultado de la disyunción lógica de dos expresiones sea verdadero, las dos expresiones o una de las dos expresiones deberá ser verdadera, si las dos expresiones lógicas son falsas el resultado será "Falso".

SENTENCIAS DE CONTROL

Las sentencias de control son estructuras que determinan en base a una condición, el flujo que deberá seguir el programa de una macro. Son muy útiles y necesarias ya que permiten adecuar la macro a determinadas condiciones u opciones que pudieran necesitarse para la ejecución de tareas y procesos repetitivos. Algunas de las estructuras o sentencias de control que analizaremos en el presente taller son las siguientes:

- IF,
- IF –Else,
- Select Case,
- ForNext,

- Do Loop,
- Do While

Sentencia "IF"

La sentencia IF es una estructura de control que permite al programador establecer la ejecución de determinada sentencia en función del cumplimiento de una determinada condición, es decir, la macro solo ejecuta la línea de programación solo si se cumple la condición. Su sintaxis es la siguiente:

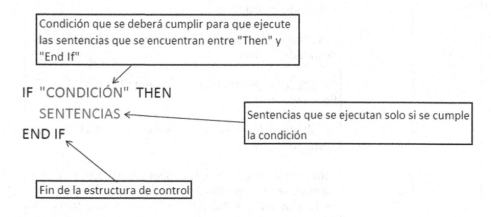

Para ejemplificar lo anterior, realizaremos una macro que determine si un contribuyente es persona física o persona moral, en función del número de caracteres del Registro Federal de Contribuyentes, como es sabido para efectos fiscales un contribuyente persona física tiene un RFC de 13 caracteres y una persona moral o jurídica de solo 12.

En una hoja de cálculo capturamos la siguiente información en las celdas indicadas:

	A	B	C
1			
2	No	RFC	Tipo de contribuyente:
3	1	IUGR481120A01	
4	2	RSS010423Q38	
5	3	IURI780609H02	
6			

Posteriormente en el Menú de Programador de la cinta de opciones seleccionamos "Grabar macro" y capturamos la siguiente configuración:

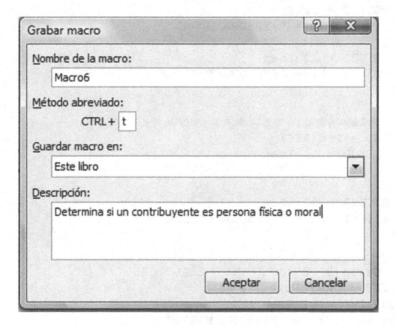

Posteriormente detenemos la grabación de la macro, abrimos el entorno de programación, una vez abierto seleccionamos en la ventana de proyectos el "Módulo1" y capturamos el siguiente código:

```
Sub Macro6()
'
' Macro6 Macro
' Determina si un contribuyente
' es persona física o moral
' Acceso directo: CTRL+t

Dim LONGITUD As Byte
Dim RFC As String

RFC = Cells(3, 2) 'REGISTRO CELDA "B3"
LONGITUD = Len(RFC)
If LONGITUD = 12 Then
    Cells(3, 3) = "PERSONA MORAL"
End If
If LONGITUD = 13 Then
    Cells(3, 3) = "PERSONA FÍSICA"
End If

RFC = Cells(4, 2) 'REGISTRO CELDA "B4"
LONGITUD = Len(RFC)
If LONGITUD = 12 Then
    Cells(4, 3) = "PERSONA MORAL"
End If
If LONGITUD = 13 Then
    Cells(4, 3) = "PERSONA FÍSICA"
End If


RFC = Cells(5, 2) 'REGISTRO CELDA "B5"
LONGITUD = Len(RFC)
If LONGITUD = 12 Then
    Cells(5, 3) = "PERSONA MORAL"
End If
If LONGITUD = 13 Then
    Cells(5, 3) = "PERSONA FÍSICA"
End If


End Sub
```

Al final de la captura regresamos a la hoja de cálculo y ejecutamos la macro presionando simultáneamente las teclas "Ctrl + t":

	A	B	C
1			
2	No	RFC	Tipo de contribuyente:
3	1	IUGR481120A01	PERSONA FÍSICA
4	2	RSS010423Q38	PERSONA MORAL
5	3	IURI780609H02	PERSONA FÍSICA

En la macro anterior primero se determinaron las variables a utilizar, en este caso las variables fueron: "RFC" de tipo string, que toma el valor del Registro Federal de Contribuyentes, y la variable "LONGITUD" de tipo Byte que toma el valor de la longitud de la variable "RFC"

```
Dim LONGITUD As Byte
Dim RFC As String
```

Posteriormente asignamos el valor de la celda "B3" a la variable "RFC"

```
RFC = Cells(3, 2)
```

Mediante la función "Len()" obtenemos la longitud de la cadena almacenada en la variable "RFC" y el resultado lo almacenamos en la variable "LONGITUD"

```
LONGITUD = Len(RFC)
```

Una vez que tenemos la longitud del RFC mediante la estructura de control "IF" asignamos a la celda "C3" el tipo de contribuyente:

```
If LONGITUD = 12 Then
    Cells(3, 3) = "PERSONA MORAL"
End If
```

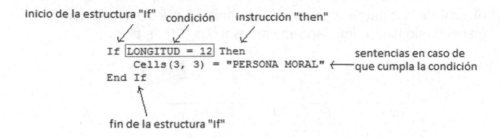

inicio de la estructura "If"   condición   instrucción "then"

```
If LONGITUD = 12 Then                          sentencias en caso de
    Cells(3, 3) = "PERSONA MORAL"  ←——que cumpla la condición
End If
```

fin de la estructura "If"

Como esa estructura solo sirve para persona morales, ya que se asigna el valor a la celda "C3" cuando el valor de la variable "LONGITUD" es 12, ocupamos una segunda estructura que determine el tipo de persona física cuando el valor de la variable "LONGITUD" sea 13

condición

```
If LONGITUD = 13 Then                          sentencias en caso de
    Cells(3, 3) = "PERSONA FÍSICA" ←——que cumpla la condición
End If
```

En el código anterior se necesito dos veces utilizar la estructura "If", la primera ocasión para realizar las sentencias cuando la variable "LONGITUD" tomaba el valor de 12, la segunda ocasión para cuando "LONGITUD" tomaba el valor de 13. La estructura "If" puede utilizarse una vez utilizando dentro de su estructura la sentencia "Else", que realiza las sentencias que se determinen en caso de que "**no se cumpla la condición**". Utilizando el mismo ejemplo anterior, creamos otra macro utilizando la estructura "If – Else".

En el siguiente vínculo encontrará el archivo de ejemplo:
https://docs.google.com/open?id=0B-pDqvdevphYY2l6d3NjTGJTeHVzOWNyNn
E0WmRZZw

Estructura "If – Else"

Ésta estructura permite tener dos cursos de acción en tiempo de ejecución de la macro, ya que si se cumple la condición se ejecutarán ciertas líneas de programación, en caso contrario se ejecutarán otras, pero nunca se ejecutarán ambas, para hacer uso de la estructura de control es necesario utilizar la siguiente sintaxis:

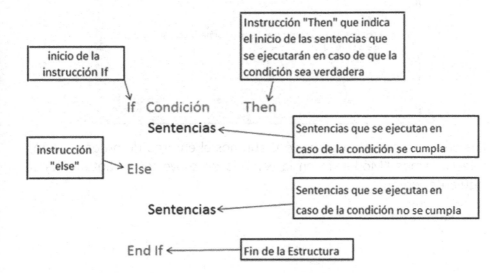

Para ejemplificar el uso de ésta estructura utilizamos el ejemplo anterior, por lo que capturamos los siguientes datos en las celdas que se indican:

	A	B	C
1			
2	No	RFC	Tipo de contribuyente:
3	1	IUGR481120A01	
4	2	RSS010423Q38	
5	3	IURI780609H02	

Posteriormente en el Menú de Programador de la cinta de opciones seleccionamos "Grabar macro" y capturamos la siguiente configuración:

Posterior detenemos la grabación, abrimos el entorno de programación, seleccionamos "Módulo1" en la ventana de proyectos y capturamos el siguiente código:

```
Sub Macro1()
' determina si una contribuyente es
' persona física o moral en base a su RFC
' Acceso directo: CTRL+r
'
Dim LONGITUD As Byte
Dim RFC As String

RFC = Cells(3, 2) 'REGISTRO CELDA "B3"
LONGITUD = Len(RFC)
If LONGITUD = 12 Then
    Cells(3, 3) = "PERSONA MORAL"
Else
    Cells(3, 3) = "PERSONA FÍSICA"
End If

RFC = Cells(4, 2) 'REGISTRO CELDA "B4"
LONGITUD = Len(RFC)
If LONGITUD = 12 Then
    Cells(4, 3) = "PERSONA MORAL"
Else
    Cells(4, 3) = "PERSONA FÍSICA"
End If
```

```
RFC = Cells(5, 2) 'REGISTRO CELDA "B5"
LONGITUD = Len(RFC)
If LONGITUD = 12 Then
    Cells(5, 3) = "PERSONA MORAL"
Else
    Cells(5, 3) = "PERSONA FÍSICA"
End If

End Sub
```

Al final de la captura regresamos a la hoja de cálculo y ejecutamos la macro presionando simultáneamente las teclas "Ctrl + r":

	A	B	C
1			
2	No	RFC	Tipo de contribuyente:
3	1	IUGR481120A01	PERSONA FÍSICA
4	2	RSS010423Q38	PERSONA MORAL
5	3	IURI780609H02	PERSONA FÍSICA

La ventaja de la estructura "If then – Else" es que nos ahorra líneas de programación, al establecer que en caso de cumplirse una condición se deberán ejecutar las sentencias que se encuentran entre "Then" y "Else", en caso de no cumplirse la condición, se ejecutan las sentencias que se encuentran después de "Else" y antes de "End if".

En el siguiente vínculo encontrará el archivo de ejemplo:
https://docs.google.com/open?id=0B-pDqvdevphYaUxsdXNSR0lRZXk1bE1sY0EwaDlFZw

Estructura "Select Case"

La estructura de control "Select Case", es una estructura de selección múltiple, está diseñada para que en función del valor de una variable el programa siga un camino determinado de una serie múltiple de opciones. A diferencia de la estructura "If" que dependiendo si se cumple una condición o no se sigue un determinado camino, en la estructura "Select

Case" en lugar de una condición se requiere el valor de una determinada expresión contenida en una variable.

Comparación de estructuras "If" vs. "Select Case"

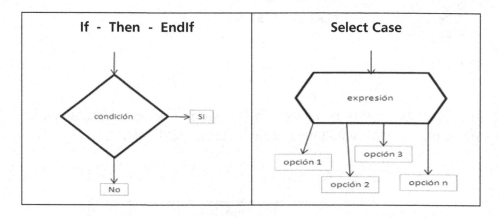

La estructura Select Case tiene la siguiente sintaxis:

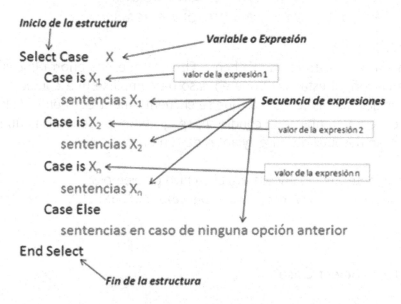

Para comprender mejor el uso de ésta estructura realizaremos una macro que busque en un tabulador una tasa de interés en función de los años de un crédito, para lo cual elaboramos la siguiente tabla de datos en una hoja de cálculo:

	A	B	C	D	E	F
1						
2	Rango	Rango de meses		Tasa de Interés		
3		De	Hasta	Anual		
4	1	1	12	18%		
5	2	13	24	16%		
6	3	25	36	14%		
7	4	37	48	12%		
8	5	49	60	10%		
9						
10	Monto de crédito:		$ 100,000			
11	Plazo (meses)		18			
12	Tasa de interés			?		
13	Monto de la amortización		#¡DIV/0!			
14	mensual:					
15						
16					A= amortización buscada	
17	=C10*((1+C12/12)^C11*(C12/12))/((1+C12/12)^C11-1)				i = tasa de interés del periodo	
18					n = número de pagos	
19					K = monto del financiamiento	

$$A = \left(\frac{(1 + i)^n * i}{(1 + i)^n - 1} \right) * K$$

La fórmula utilizada nos arrojará cuanto se deberá pagar mensualmente por un crédito con amortizaciones iguales. La fórmula se captura en la celda "C13", y la incógnita es la tasa de interés anual que corresponde al plazo seleccionado, en este caso 18 meses. Posterior a la captura de la de la tabla y las formulas, procedemos a grabar una nueva macro con la siguiente configuración:

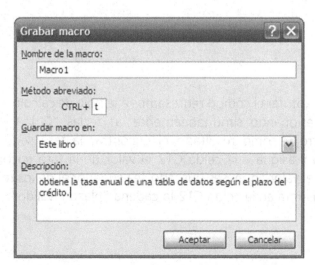

Hacemos clic en aceptar y detenemos la grabación de la macro, posteriormente abrimos el entorno de programación, seleccionamos "módulo 1" y capturamos el siguiente código:

```
Sub Macro1()
'
' Macro1 Macro
' obtiene la tasa anual de una tabla de datos según el plazo del crédito.
'
' Acceso directo: CTRL+t
'

Dim plazo As Byte    'inicializa la variable plazo donde
                     'se asignarán los meses de pago
Dim tasa As Double   'inicializa la varia tasa, que devolverá
                     'la tasa de interés anual

tasa = 0             'inicializa la variable tasa en cero
plazo = Cells(11, 3) 'asigna a la variable los meses de pago
                     'de la celda "C11"

Select Case plazo    'inicio de la estructura de selección
    Case Cells(4, 2) To Cells(4, 3)
            tasa = Cells(4, 4)       'asigna el valor encontrado
    Case Cells(5, 2) To Cells(5, 3)
            tasa = Cells(5, 4)
    Case Cells(6, 2) To Cells(6, 3)
            tasa = Cells(6, 4)
    Case Cells(7, 2) To Cells(7, 3)
            tasa = Cells(7, 4)
    Case Cells(8, 2) To Cells(8, 3)
            tasa = Cells(8, 4)
    Case Else        'en caso de no encontrar el valor
            Cells(12, 3) = "plazo invalido"
End Select

If tasa > 0 Then
    Cells(12, 3) = tasa 'asigna en la celda C11 la tasa encontrada
End If

End Sub
```

Después de capturar el código regresamos a la hoja de cálculo y activamos la macro presionando simultáneamente las teclas "Ctrl + t", lo que nos debe arrojar como resultado el encontrar la tasa según el plazo seleccionado y asigna a la celda C12 el valor de la tasa encontrada, en caso de que el valor en meses buscado sea superior al de los rangos de la tabla, se registrará en la celda C12 la cadena "plazo invalido".

	A	B	C	D
1				
2	Rango	Rango de meses		Tasa de Interés
3		De	Hasta	Anual
4	1	1	12	18%
5	2	13	24	16%
6	3	25	36	14%
7	4	37	48	12%
8	5	49	60	10%
9				
10	Monto de crédito:		$ 100,000	
11	Plazo (meses)		18	
12	Tasa de interés		16% ?	
13	Monto de la amortización		$ 6,285.64	
14	mensual:			
15				

$$A =$$

El plazo seleccionado en nuestro ejemplo fue de 18 meses, lo que arroja una tasa anual según la tabla del 16% y una amortización mensual de $6,285.64 pesos.

Si el usuario selecciona un valor mayor a 60 o menor a 1, se registrará "plazo invalido", realizamos la prueba registrando en la celda C11 el número 70 y corremos la macro presionando simultáneamente "Ctrl + t":

	A	B	C
10	Monto de crédito:		$ 100,000
11	Plazo (meses)		70
12	Tasa de interés		plazo invalido
13	Monto de la amortización		#¡VALOR!
14	mensual:		

Es importante mencionar que en la estructura del Select Case, no se capturaron los rangos de años directamente en cada una de las opciones, más bien, se asignó la celda que contenía el límite inferior y límite superior de cada rango, esto con el fin de que el usuario modifique los rangos y no haya la necesidad de modificar el código del programa:

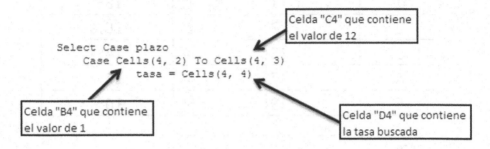

La estructura también se asigna un resultado en caso de que no se encuentre el valor dentro de las opciones:

```
Case Else         'en caso de no encontrar el valor
          Cells(12, 3) = "plazo invalido"
End Select
```

En caso de que los rangos y las tasas de interés no vayan a modificarse el programador podrá omitir la captura de la tabla de datos en la hoja de cálculo y podrá capturar directamente los valores en estructura Select Case de la siguiente manera:

Límite inferior   Límite superior
```
Select Case plazo      'inicio de la estructura de selección
     Case 1 To 12
          tasa = 0.18       'asigna el valor encontrado
     Case 13 To 24
          tasa = 0.16
     Case 25 To 36
          tasa = 0.14
     Case 37 To 48
          tasa = 0.12
     Case 49 To 60
          tasa = 0.10
     Case Else         'en caso de no encontrar el valor
          Cells(12, 3) = "plazo invalido"
   End Select
```

En el primer rango se sustituyó "Cells(4,2)" por "1" y "Cells(4,3)" por "12", así como el resultado de la tasa buscada, se sustituyó "Cells(4,4)" por "0.18".

En el siguiente vínculo encontrará el archivo de ejemplo:
https://docs.google.com/open?id=0B-pDqvdevphYbVVMU0xHUW5TeUNCUGh6 T0NrdGlEZw

El uso de esta estructura no solo aplica a rangos de números, también puede utilizarse con caracteres alfanuméricos, inclusive cadenas alfanuméricas.

El siguiente ejemplo asigna el sueldo diario de un trabajador según su nivel de puesto y calcula el ingreso bruto mensual. Para asignar el sueldo la macro deberá leer el nivel del puesto del empleado, utilizar la estructura de control de selección múltiple y asignar a la celda correspondiente el sueldo diario del empleado, por lo que capturamos en una hoja de cálculo las siguientes tablas en las celdas correspondientes:

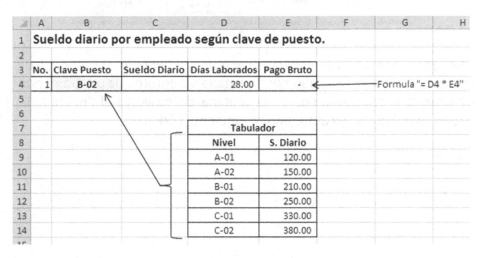

Una vez capturada la información, seleccionamos el botón del menú del programador "Grabar macro", la configuramos con la siguiente información:

Una vez configurada, hacemos clic en aceptar y detenemos la grabación de la macro. Posteriormente abrimos la ventana del entorno de programación de la macro, seleccionamos de la ventana de proyecto el "módulo 1" haciendo doble clic, y capturamos el siguiente código:

```
Sub Macro09()
'
' Macro09 Macro
' Asigna el sueldo diario según el nivel del trabajador
'
' Acceso directo: CTRL+t
'
Dim nivel_emp As String
Dim sueldo As Double
Dim valida As Boolean

valida = True
nivel_emp = Cells(4, 2)
```

```
Select Case nivel_emp
    Case Is = "A-01"
        sueldo = Cells(9, 5)
    Case Is = "A-02"
        sueldo = Cells(9, 5)
    Case Is = "B-01"
        sueldo = Cells(9, 5)
    Case Is = "B-02"
        sueldo = Cells(9, 5)
    Case Is = "C-01"
        sueldo = Cells(9, 5)
    Case Is = "C-02"
        sueldo = Cells(9, 5)
    Case Else
        Cells(16, 2) = "Nivel no encontrado"
        valida = False
End Select

If valida = True Then
    Cells(4, 3) = sueldo
    Cells(16, 2) = ""
End If

End Sub
```

Finalmente activamos la macro presionando simultáneamente las teclas "Ctrl + t" lo que nos deberá realizar la asignación del sueldo según nivel y calcular el sueldo bruto mensual:

⬜	A	B	C	D	E
1	Sueldo diario por empleado según clave de puesto.				
2					
3	No.	Clave Puesto	Sueldo Diario	Días Laborados	Pago Bruto
4	1	B-02	120.00	28.00	3,360.00 ←

En el siguiente vínculo encontrará el archivo de ejemplo:
https://docs.google.com/open?id=0B-pDqvdevphYOTF3TmlaVXVTTUswNIdKRTQwNG5fZw

Estructura de control For – Next

La estructura de control "For – Next" es para realizar operaciones de manera repetitiva, de tal forma que si el usuario tiene la necesidad de generar una rutina de una operación u operaciones, y sabe qué número de veces se tendrá que repetir esta estructura es la ideal para sus propósitos. La estructura "For – Next" tiene la siguiente sintaxis:

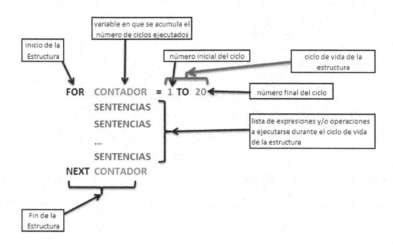

Diagrama de flujo de la estructura "For – Next":

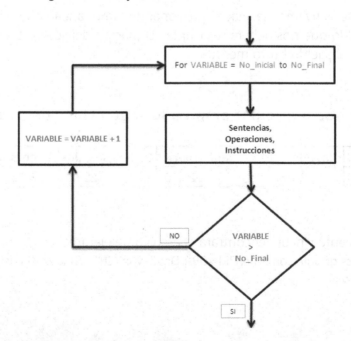

La estructura inicia con la sentencia "For", seguida por la variable donde se acumulará el número de ciclos desde el número inicial hasta el final (ciclo de vida de la estructura); Si por ejemplo se desea que el ciclo se repita diez veces, se deberá iniciar en 1 y terminar en 10. Las sentencias, expresiones y/u operaciones que se repetirán el número de veces que dure la estructura serán las que estén entre el inicio de la estructura y el final que se escribe con la instrucción "Next" seguida por la variable donde se acumulan los valores del ciclo, esta variable es un contador y acumulador de la estructura que va tomando los valores del ciclo.

Es importante mencionar que el resultado que se asigne a celdas deberá utilizar la variable "acumuladora" para no sobrescribir sobre una misma celda. El siguiente ejemplo se utilizará la estructura "For", para ello retomaremos la macro realizada en el tema anterior, el cual asigna según el nivel de puesto de un trabajador su sueldo diario, en este caso se realizará el cálculo para 20 trabajadores, por lo que en una hoja de cálculo se capturan las siguientes tablas de datos:

	A	B	C	D	E	F	G	H	I
1	Sueldo diario por empleado según clave de puesto.								
2									
3	No.	Clave Puesto	Sueldo Diario	Días Laborados	Pago Bruto				
4	1	B-02		28.00	-		Formula "= D4 * E4"		
5	2	A-01		30.00	-				
6	3	A-01		30.00	-				
7	4	A-01		17.00	-				
8	5	A-02		29.00	-			Tabulador	
9	6	B-01		30.00	-			Nivel	S. Diario
10	7	B-02		30.00	-			A-01	120.00
11	8	C-01		30.00	-			A-02	150.00
12	9	B-02		29.00	-			B-01	210.00
13	10	CB-01		3.00	-			B-02	250.00
14	11	B-01		30.00	-			C-01	330.00
15	12	B-01		26.00	-			C-02	380.00
16	13	B-02		30.00	-				
17	14	C-01		30.00	-				
18	15	C-01		30.00	-				
19	16	C-02		30.00	-				
20	17	C-02		30.00	-				
21	18	A-02		29.00	-		calcula el pago bruto de 2C		
22	19	B-01		30.00	-				
23	20	B-02		30.00	-				

Una vez capturada la información, seleccionamos el botón del menú del programador "Grabar macro", la configuramos con la siguiente información:

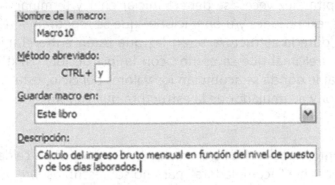

Una vez configurada, hacemos clic en aceptar y detenemos la grabación de la macro. Posteriormente abrimos la ventana del entorno de programación de la macro, seleccionamos de la ventana de proyecto el "módulo 1" haciendo doble clic, y capturamos el siguiente código:

```
Sub Macro10()
'
' Macro10 Macro
' Cálculo del ingreso bruto mensual en función del
' nivel de puesto y de los días laborados.
'
' Acceso directo: CTRL+y
'


Dim CONTADOR  As Byte
Dim SUELDO As Double
Dim NIVEL As String
Dim VALIDA As Boolean
```

```
For CONTADOR = 1 To 20

    VALIDA = True
    NIVEL = Cells(3 + CONTADOR, 2)

    Select Case NIVEL
    Case Is = "A-01"
        SUELDO = Cells(10, 9)
    Case Is = "A-02"
        SUELDO = Cells(11, 9)
    Case Is = "B-01"
        SUELDO = Cells(12, 9)
    Case Is = "B-02"
        SUELDO = Cells(13, 9)
    Case Is = "C-01"
        SUELDO = Cells(14, 9)
    Case Is = "C-02"
        SUELDO = Cells(15, 9)
    Case Else
        Cells(3 + CONTADOR, 3) = "Nivel no encontrado"
        VALIDA = False
    End Select

    If VALIDA = True Then
        Cells(3 + CONTADOR, 3) = SUELDO
    End If

Next CONTADOR

End Sub
```

Finalmente activamos la macro presionando simultáneamente las teclas "Ctrl + y" lo que nos deberá realizar la asignación del sueldo según nivel y calcular el sueldo bruto mensual de cada uno de los registros:

Sueldo diario por empleado según clave de puesto.

No.	Clave Puesto	Sueldo Diario	Días Laborados	Pago Bruto
1	B-02	250.00	28.00	7,000.00
2	A-01	120.00	30.00	3,600.00
3	A-01	120.00	30.00	3,600.00
4	A-01	120.00	17.00	2,040.00
5	A-02	150.00	29.00	4,350.00
6	B-01	210.00	30.00	6,300.00
7	B-02	250.00	30.00	7,500.00
8	C-01	330.00	30.00	9,900.00
9	B-02	250.00	29.00	7,250.00
10	CB-01	Nivel no enco	3.00	#¡VALOR!
11	B-01	210.00	30.00	6,300.00
12	B-01	210.00	26.00	5,460.00
13	B-02	250.00	30.00	7,500.00
14	C-01	330.00	30.00	9,900.00
15	C-01	330.00	30.00	9,900.00
16	C-02	380.00	30.00	11,400.00
17	C-02	380.00	30.00	11,400.00
18	A-02	150.00	29.00	4,350.00
19	B-01	210.00	30.00	6,300.00
20	B-02	250.00	30.00	7,500.00

Formula "= D4 * E4"

Tabulador	
Nivel	S. Diario
A-01	120.00
A-02	150.00
B-01	210.00
B-02	250.00
C-01	330.00
C-02	380.00

calcula el pago bruto de 20

En la celda "B13" se capturó una clave que no se encontraba en el tabulador, por lo que en la celda "C13 se imprimió "Nivel no encontrado", en el resto de los registros se buscó y encontró la clave del puesto en el tabulador, por lo que se registró en la columna "C" y en cada renglón el sueldo diario correspondiente, la columna "D" contiene los días laborados y en la columna "E" está la fórmula que multiplica el sueldo diario por los días laborados.

Es importante analizar cómo la macro obtiene de cada renglón el valor buscado (clave de puesto) y registra en el renglón correspondiente el valor encontrado (sueldo diario), si usted verifica el código encontrará que dentro de la sentencia en la que se asigna la celda "Cells (Renglón + CONTADOR, Columna)" se agregó la suma en el renglón de la variable contador, lo que realiza en cada cambio de valor de la variable CONTADOR, se actualice la clave de cada uno de los registros:

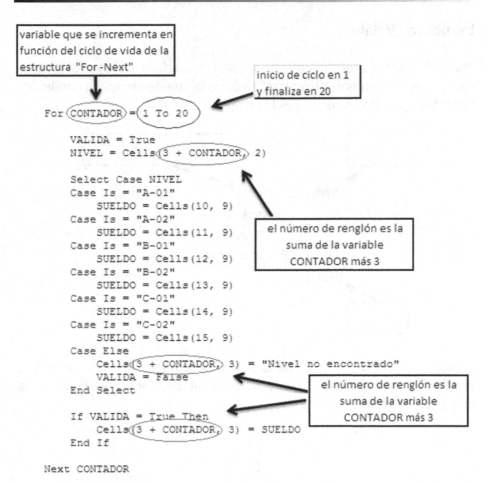

```
For CONTADOR = 1 To 20

    VALIDA = True
    NIVEL = Cells(3 + CONTADOR, 2)

    Select Case NIVEL
    Case Is = "A-01"
        SUELDO = Cells(10, 9)
    Case Is = "A-02"
        SUELDO = Cells(11, 9)
    Case Is = "B-01"
        SUELDO = Cells(12, 9)
    Case Is = "B-02"
        SUELDO = Cells(13, 9)
    Case Is = "C-01"
        SUELDO = Cells(14, 9)
    Case Is = "C-02"
        SUELDO = Cells(15, 9)
    Case Else
        Cells(3 + CONTADOR, 3) = "Nivel no encontrado"
        VALIDA = False
    End Select

    If VALIDA = True Then
        Cells(3 + CONTADOR, 3) = SUELDO
    End If

Next CONTADOR
```

Etiquetas de las imágenes:
- variable que se incrementa en función del ciclo de vida de la estructura "For-Next"
- inicio de ciclo en 1 y finaliza en 20
- el número de renglón es la suma de la variable CONTADOR más 3
- el número de renglón es la suma de la variable CONTADOR más 3

En el siguiente vínculo encontrará el archivo de ejemplo:
https://docs.google.com/open?id=0B-pDqvdevphYQlotd0VjNEJRVzZ5LXN3d2N
FZlBpdw

Estructura "While"

"While" (en español "mientras") es una estructura de control que se ejecuta repetitivamente "mientras" se cumpla una determinada condición. La sintaxis de ésta estructura es la siguiente:

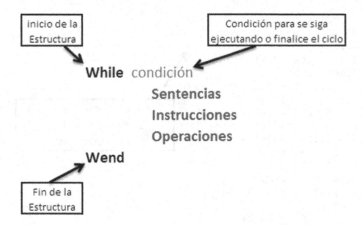

Mientras la condición sea verdadera y se cumpla, el ciclo se estará repitiendo. El siguiente cuadro muestra el diagrama de flujo de la estructura "While":

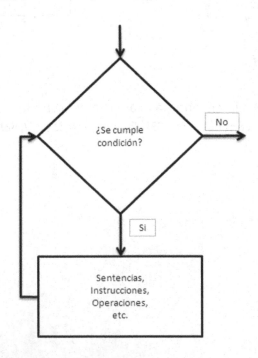

Para ejemplificar el uso de ésta estructura se programará una macro que busque dentro de una base de datos un valor, independientemente del número de registros que ésta contenga. Una vez que haya revisado todos los registros deberá concluir la estructura e informar cuantos registros tenían el valor buscado.

En una hoja de cálculo capturamos la siguiente información:

	A	B	C	D	E	F	G	H	I	J	K	L
1	Reporte del mes de Octubre - 2011											
2	Departamento de Administración											
3												
4	Número de empleado	Nombre	Asistencias del periodo	Días del Periodo	Días de descanso	Retardos	Inasistencias					
5	N-0001	Juan	26	31	5	2	0					
6	N-0002	Pedro	26	31	5	3	0					
7	N-0003	Jorge	25	31	5	1	1		Total trabajadores con retardos:			
8	N-0004	Rene	26	31	5	0	0		Suma Retardos totales:			
9	N-0005	Horacio	23	31	5	4	3					
10	N-0006	Luis	25	31	5	2	1		Total Trabajadores con inasistencias:			
11	N-0007	Eva	26	31	5	0	0		Suma Inasistencias:			
12	N-0008	Valeria	26	31	5	0	0					
13	N-0009	Sofia	26	31	5	0	0		Suma días laborados:			
14	N-0010	Dulce	26	31	5	0	0					
15	N-0011	Mariana	26	31	5	2	0					
16	N-0012	Isaura	26	31	5	0	0					
17	N-0013	Ana	26	31	5	0	0					
18	N-0014	María	26	31	5	0	0					
19	N-0015	Francisca	26	31	5	0	0					
20	N-0016	Norberto	26	31	5	0	0					
21	N-0017	Leoncio	26	31	5	0	0					
22	N-0018	Octavio	26	31	5	0	0					
23	N-0019	Patricia	26	31	5	2	0					
24	N-0020	Teresa	25	31	5	1	1					

Los valores buscados son los siguientes:

- Total trabajadores con retardos,
- Suma retardos totales,
- Total trabajadores con inasistencias,
- Suma inasistencias,
- Suma días laborales.

La estructura "While" se repetirá hasta que encuentre un renglón vacío, esto es en el renglón 25. En este ejercicio se conoce de antemano el número de registros, inclusive es fácil realizar las cuentas de los datos a buscar, pero cuando el número de registros es mucho mayor, es más confiable que la computadora identifique y realice las cuentas de los valores buscados, y así nos estaremos ahorrando los errores humanos al contabilizar en una base de datos.

Una vez capturada la tabla, seleccionamos grabar macro, y la configuramos como sigue:

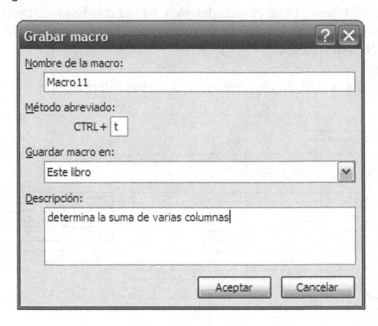

Seleccionamos aceptar, luego seleccionamos detener la grabación de la macro, abrimos el entorno de programación y capturamos el siguiente código:

Es importante comentar que la macro comienza declarando las variables a utilizar, posteriormente les asigna el valor cero para que al momento de realizar las sumas en el ciclo de control, no contenga valores previos que puedan modificar el resultado deseado

```
Sub Macro11()
' Macro11 Macro
' Acceso directo: CTRL+t

Dim RENGLON, ACUMULA_RETARDOS, TRAB_RETARDOS As Double
Dim ACUM_INAS, TRAB_INASIS, DIAS_LABS As Double

RENGLON = 5                  'NÚMERO DEL RENGLÓN DONDE COMIENZAN
                             'LOS REGISTROS
ACUMULA_RETARDOS = 0         'inicializa la variable en cero que
                             'acumula los retardos totales
TRAB_RETARDOS = 0            'inicializa variable en cero, guarda
                             'número de trabajadores con retardo
ACUM_INAS = 0                'inicializa la variable en cero que
                             'acumula las inasistencias totales
TRAB_INASIS = 0              'inicializa variable en cero, guarda
                             'número de trabajadores con inasistencia
DIAS_LABS = 0                'inicializa la variable en cero que
                             'acumula el total de días laborados

While Cells(RENGLON, 1) <> ""

    DIAS_LABS = DIAS_LABS + Cells(RENGLON, 3)

    If Cells(RENGLON, 6) > 0 Then
        ACUMULA_RETARDOS = ACUMULA_RETARDOS + Cells(RENGLON, 6)
        TRAB_RETARDOS = TRAB_RETARDOS + 1
    End If

    If Cells(RENGLON, 7) > 0 Then
        ACUM_INAS = ACUM_INAS + Cells(RENGLON, 7)
        TRAB_INASIS = TRAB_INASIS + 1
    End If

    RENGLON = RENGLON + 1

Wend
Cells(7, 12) = TRAB_RETARDOS
Cells(8, 12) = ACUMULA_RETARDOS
Cells(10, 12) = TRAB_INASIS
Cells(11, 12) = ACUM_INAS
Cells(13, 12) = DIAS_LABS

End Sub
```

Dentro de la estructura "While –wend", hay una variable que sirve para asignar el número de renglón a verificar, al final del ciclo se incrementa en uno para que en el siguiente ciclo se verifique un nuevo registro.

Al final ejecutamos la macro para verificar su funcionamiento:

C	D	E	F	G	H	I	J	K	L	M
2011										
istencias l periodo	Días del Periodo	Días de descanso	Retardos	Inasistencias						
26	31	5	2	0						
26	31	5	3	0						
25	31	5	1	1		Total trabajadores con retardos:			8	
26	31	5	0	0		Suma Retardos totales:			17	
23	31	5	4	3						
25	31	5	2	1		Total Trabajadores con Inasistencias:			4	
26	31	5	0	0		Suma Inasistencias:			6	
26	31	5	0	0						
26	31	5	0	0		Suma días laborados:			514	
26	31	5	0	0						
26	31	5	2	0						

En el siguiente vínculo encontrará el archivo de ejemplo:
https://docs.google.com/open?id=0B-pDqvdevphYcEwxWUduckZTdUt1Q29pW
kV3RjFCZw

Estructura "Do Loop Until"

La estructura "Do – Loop Until" funciona de una manera similar que la estructura "While – Wend", la diferencia radica en que "While" revisa al principio de la estructuta la condición por la que debe repetirse el ciclo, y "Do - Loop Until" revisa al final de la estructura la condición, las dos estructuras tienen su ventaja, ya que la primera se ejecuta mientras se cumple la condición, por lo que para iniciar deberá cumplirse, en caso contrario nunca empezará, en cambio la estructura "Do Loop Until" se ejecuta por lo menos una vez y revisa la condición, si ésta se cumple continua ejecutándose el ciclo de la estructura hasta que ya no se cumpla. Al usar estas estructuras se deberá tener cuidado de que en el tiempo de ejecución de los ciclos de vida se determine cuando deberán terminar, de lo contrario el ciclo nunca terminará, ciclando el programa.

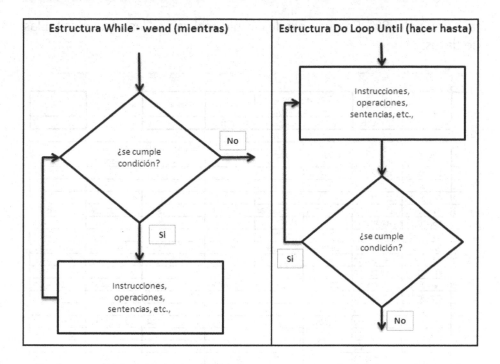

La sintaxis de la estructura Do Loop Until, es la siguiente:

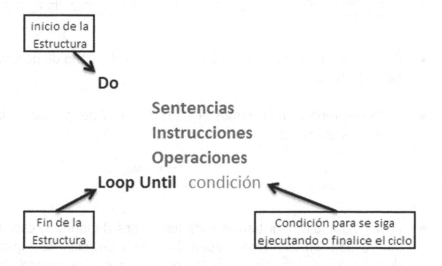

Para ejemplificar lo anterior realizaremos una macro que utilice ésta estructura, la macro buscará la tasa interna de retorno de un préstamo en dólares a 18 meses con pago de capital e intereses trimestrales, a una tasa anual del 8%. En una hoja de cálculo realizamos las siguientes tablas de datos:

	A	B	C	D	E	F	G	H	I
2		Monto de la inversión	120,000.00	Tipo de cambio (Pesos x Dlls)		variable	Tasa anual		TIR
3		Plazo	18 meses	Frecuencia/pagos		Trimestral	8%		
4									
5		Fecha	Saldo Insoluto	Capital	Interés	Pago	Tipo de cambio (MN x DLLS)	Pago en Pesos	Flujos
6	0	Dic-2011	120,000.00						- 120,000.00
7	1	Ene-2012	120,000.00					-	-
8	2	Feb-2012	120,000.00					-	-
9	3	Mar-2012	120,000.00	20,000.00	2,416.04	22,416.04	13.05	292,529.26	292,529.26
10	4	Abr-2012	100,000.00					-	-
11	5	May-2012	100,000.00					-	-
12	6	Jun-2012	100,000.00	20,000.00	2,013.36	22,013.36	12.98	285,733.45	285,733.45
13	7	Jul-2012	80,000.00					-	-
14	8	Ago-2012	80,000.00					-	-
15	9	Sep-2012	80,000.00	20,000.00	1,610.69	21,610.69	13.50	291,744.32	291,744.32
16	10	Oct-2012	60,000.00					-	-
17	11	Nov-2012	60,000.00					-	-
18	12	Dic-2012	60,000.00	20,000.00	1,208.02	21,208.02	13.84	293,518.97	293,518.97
19	13	Ene-2013	40,000.00					-	-
20	14	Feb-2013	40,000.00					-	-
21	15	Mar-2013	40,000.00	20,000.00	805.35	20,805.35	14.00	291,274.83	291,274.83
22	16	Abr-2013	20,000.00					-	-
23	17	May-2013	20,000.00					-	-
24	18	Jun-2013	20,000.00	20,000.00	402.67	20,402.67	14.05	286,657.55	286,657.55
25		Sumas		120,000.00	8,456.12	128,456.12		1,741,458.38	1,741,458.38

- En la columna B, registramos las fechas del calendario de nuestra tabla de amortización,

- En la columna C, registramos el saldo insoluto del préstamo, la formula a utilizar es la siguiente:

$$\text{Saldo Insoluto} = \text{Saldo Anterior} - \text{Amortización de capital del periodo}$$

- En la columna D, registramos cada tercer mes el monto de capital amortizado, en este caso, pagará la misma cantidad de capital durante los 6 trimestres, por lo que dividimos el monto del préstamo entre 6 amortizaciones:

$$\text{Amortización de capital del periodo} = \text{Monto del préstamo} / \text{Número de pagos}$$

- En la columna E, se registra el interés del periodo, lo calculamos recapitalizando mensualmente el interés mediante la siguiente fórmula:

$$\text{Interés} = \frac{\text{Saldo Insoluto}}{} * ((1 + \text{tasa})^{\wedge} \text{pagos} - 1)$$

En el primer pago la fórmula introducida en la celda "E9" es la siguiente:

$$=C9*((1+\$G\$3/12)^{\wedge}3-1)$$

- En la columna F, capturamos la suma del capital amortizado más el interés del periodo,
- En la columna G, capturamos el tipo de cambio estimado para la fecha del pago de la amortización,
- En la columna H, registramos el pago en pesos, el cual calculamos multiplicando el Pago en Dólares (columna F) por el tipo de cambio (columna G):

$$\text{Pago en Pesos} = \frac{\text{Pago en Dólares}}{} * \frac{\text{Tipo de cambio del día}}{}$$

- En la columna I, capturamos los flujos de efectivo generados en pesos, por lo que en la celda I6 capturamos el monto del préstamo en su valor negativo, y los pagos trimestrales en valores positivos. Los meses donde no hay pago los registramos con cero.

La TIR o Tasa Interna de Retorno "es la tasa de descuento que hace que el valor presente neto sea igual a cero[1]". Los pasos para determinar la TIR son los siguientes:

1. Obtener el valor presente neto de los flujos generados por el préstamo a una tasa en la cual el valor presente neto sea positivo,

---

[1] *Evaluación de proyectos – tercera edición –Gabriel Baca Urbina – Ed. McGraw Hill*

lo que significa que la tasa es menor a la buscada, el valor presente neto se determina de la siguiente manera:

$$VPN = \frac{\text{Flujo de Efvo}_1}{(1+tasa)^{\wedge}1} + \frac{\text{Flujo de Efvo}_2}{(1+tasa)^{\wedge}2} + \quad ... \quad + \frac{\text{Flujo de Efvo}_n}{(1+tasa)^{\wedge}n} - \text{Préstamo}$$

2. Obtener el valor presente neto de los flujos generados por el préstamo a una tasa en la cual el valor presente neto sea negativo, lo que significa que la tasa es mayor a la buscada,

3. Una vez obtenidos los valores de VPN con tasa menor y VPN con tasa mayor, se interpolan los resultados para obtener una TIR aproximada a la buscada, la fórmula de la interpolación es la siguiente:

=(tasa mayor – tasa menor) / (VPN tasa menor – VPN tasa mayor) + (tasa mayor)

4. El proceso se repite hasta obtener la TIR se haga que el VPN sea igual (o aproximado) a cero

Una vez explicado el procedimiento, procedemos a capturar el código que realizará el cálculo de la TIR, por lo que grabamos una macro con la siguiente configuración:

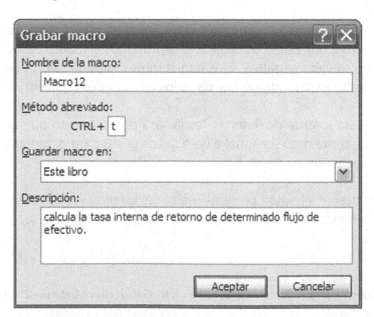

Posteriormente detenemos la grabación de la macro, y abrimos el entorno de desarrollo y capturamos el siguiente código:

```
Sub Macro12()
' Macro12 Macro
' calcula la tasa interna de retorno de determinado flujo de efectivo.
' Acceso directo: CTRL+t

Dim RENGLON, CONT As Byte
Dim TASA_MEN, TASA_MAY, DIF_VP As Double
Dim VP_MENOR, VP_MAYOR As Double

TASA_MEN = 0.01 'CELLS(3, 7) / 4 'ASIGNA COMO TASA MENOR 1%
TASA_MAY = Cells(3, 7) * 2 'ASIGNA COMO TASA MAYOR EL DOBLE DE LA TASA NOMINAL

Do
    For RENGLON = 6 To 24
        If RENGLON = 6 Then
            VP_MENOR = Cells(RENGLON, 9) 'ASIGNA EL VALOR DEL PRÉSTAMO
            VP_MAYOR = Cells(RENGLON, 9) 'ASIGNA EL VALOR DEL PRÉSTAMO
        Else
            VP_MENOR = VP_MENOR + (Cells(RENGLON, 9) / (1 + TASA_MEN) ^ (RENGLON - 6))
            VP_MAYOR = VP_MAYOR + (Cells(RENGLON, 9) / (1 + TASA_MAY) ^ (RENGLON - 6))
        End If

    Next RENGLON

    DIF_VP = VP_MENOR - VP_MAYOR
    TASA_MEN = TASA_MEN * VP_MENOR / DIF_VP + TASA_MEN
    CONT = CONT + 1
Loop Until VP_MENOR < 0.01 And VP_MENOR > 0

Cells(3, 9) = TASA_MEN

End Sub
```

Posteriormente regresamos a la hoja de cálculo y oprimimos simultáneamente las teclas "Ctrl + t" para ejecutar la macro:

	A	B	C	D	E	F	G	H	I
2		Monto de la Inversión	120,000.00	Tipo de cambio (Pesos x Dlls)		variable	Tasa anual		TIR
3		Plazo	18 meses	Frecuencia/pagos		Trimestral	8%		1.0688%
4									
5		Fecha	Saldo Insoluto	Capital	Interés	Pago	Tipo de cambio (MN x DLLS)	Pago en Pesos	Flujos
6	0	dic/2011	120,000.00				12.50	-1,500,000.00	-1,500,000.00
7	1	ene/2012	120,000.00					-	-
8	2	feb/2012	120,000.00					-	-
9	3	mar/2012	120,000.00	20,000.00	2,416.04	22,416.04	13.05	292,529.26	292,529.26
10	4	abr/2012	100,000.00					-	-
11	5	may/2012	100,000.00					-	-
12	6	jun/2012	100,000.00	20,000.00	2,013.36	22,013.36	12.98	285,733.45	285,733.45
13	7	jul/2012	80,000.00					-	-
14	8	ago/2012	80,000.00					-	-
15	9	sep/2012	80,000.00	20,000.00	1,610.69	21,610.69	13.50	291,744.32	291,744.32
16	10	oct/2012	60,000.00					-	-
17	11	nov/2012	60,000.00					-	-
18	12	dic/2012	60,000.00	20,000.00	1,208.02	21,208.02	13.00	275,704.23	275,704.23
19	13	ene/2013	40,000.00					-	-
20	14	feb/2013	40,000.00					-	-
21	15	mar/2013	40,000.00	20,000.00	805.35	20,805.35	12.50	260,066.81	260,066.81
22	16	abr/2013	20,000.00					-	-
23	17	may/2013	20,000.00					-	-
24	18	jun/2013	20,000.00	20,000.00	402.67	20,402.67	13.00	265,234.74	265,234.74
25		Sumas		120,000.00	8,456.12	128,456.12		1,671,012.82	1,671,012.82

En el siguiente vínculo encontrará el archivo de ejemplo:
https://docs.google.com/open?id=0B-pDqvdevphYZGtfSlQzVV9RczJXenB5MjYz OVdnUQ

FUNCIONES DECLARADAS POR EL USUARIO

Una función es un proceso que devuelve un valor, son útiles para programar en un módulo separado una determinada operación que se recurrirá frecuentemente en tiempo de ejecución de la macro. La estructura de una función es la siguiente:

La sintaxis de una función:

Function Nombre_de_la_función (variable(s)_de_entrada -> tipo_de_variable)

      Instrucciones
      Sentencias
      Operaciones

      Nombre_de_la_función = Resultado_buscado

End function

- La estructura de una función puede definirse dentro de una macro fuera del procedimiento o como un módulo por separado para ser invocada desde la hoja de cálculo,
- Su inicio lo indica la palabra "Function" y termina con las palabras "End Function",
- Después de la palabra "Function" se debe escribir el nombre de la función, que deberá seguir las mismas reglas para nombres de variables (no usar palabras reservadas),
- Posteriormente se definen las variables que recibirán los valores que se envían cuando se invoca a la función desde otro módulo o desde la hoja de cálculo, estas variables se declaran entre paréntesis y se definen por su tipo,

- Dentro del cuerpo de la función se realizan las operaciones e instrucciones para obtener el valor que se devolverá con la función,
- Una vez obtenido el valor, se asigna al nombre de la función el valor buscado, para devolver de ésta manera el valor de la función,
- La estructura termina cuando se escribe "End Function",

Para poder invocar una función desde la estructura de un módulo se debe seguir la siguiente sintaxis:

Sub

...

variable = Nombre_de_la_función

...

End Sub

Para ejemplificar el uso de las funciones, realizaremos una macro que calcule las semanas transcurridas desde la fecha de nacimiento de una persona hasta el día de hoy, primero capturamos la siguiente hoja de datos:

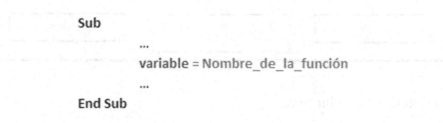

◢	A	B
1		
2		(Mes/Día/Año)
3	CAPTURE SU FECHA DE NACIMIENTO:	
4		
5	SEMANAS TRANSCURRIDAS HASTA HOY:	

Posteriormente abrimos el entorno de programación, y seleccionamos del menú principal la opción "insertar" y posteriormente "Módulo":

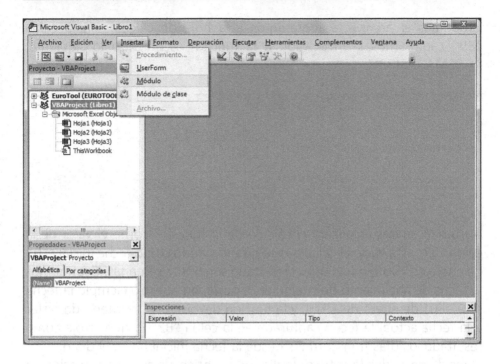

En el editor de líneas de programación, capturamos el siguiente código:

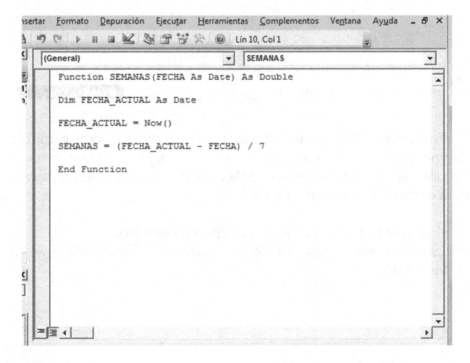

```
Function SEMANAS(FECHA As Date) As Double

Dim FECHA_ACTUAL As Date

FECHA_ACTUAL = Now()

SEMANAS = (FECHA_ACTUAL - FECHA) / 7

End Function
```

Grabamos el archivo, y regresamos a la hoja de cálculo, en la celda "B5" capturamos la invocación a la función escribiendo lo siguiente: "=SEMANAS(B3)"

◢	A	B	C	D
1				
2		(Mes/Día/Año)		
3	CAPTURE SU FECHA DE NACIMIENTO:			
4				
5	SEMANAS TRANSCURRIDAS HASTA HOY:	5837	⟵——— =SEMANAS(B3)	

Automáticamente realizará el cálculo de la función, como el valor de la celda "B3" está vacío el cálculo lo realiza tomando como fecha inicial el 01 de enero de 1900, por lo que el resultado son 5,837 semanas. Capturamos la fecha de nacimiento de cualquier persona, en nuestro ejemplo la fecha será el 01 de enero de 1970, y la función devolverá el resultado de restar a la fecha actual la fecha capturada en la celda "B3" lo que arroja como resultado los días transcurridos desde la fecha inicial hasta el día de hoy, al resultado se divide entre siete días que contiene la semana y lo asigna a la función como valor devuelto:

◢	A	B	C	D
1				
2		(Mes/Día/Año)		
3	CAPTURE SU FECHA DE NACIMIENTO:	Ene-01-1970		
4				invocación a la función
5	SEMANAS TRANSCURRIDAS HASTA HOY:	2184	⟵——— =SEMANAS(B3)	

El resultado es 2184 semanas. Cada vez que se desee invocar el cálculo de una función bastará con poner el signo "=" seguido del nombre de la función y entre paréntesis el valor de la variable independiente, que servirá para obtener el valor de la función.

En el siguiente vínculo encontrará el archivo de ejemplo:
https://docs.google.com/open?id=0B-pDqvdevphYSk1PQmhGS0NRWHUwMGJvUDJpb1pHUQ

FUNCIONES DE PREESTABLECIDAS

El programa cuenta con funciones predeterminadas, a continuación se describirán algunas de ellas, si el lector desea abundar más sobre funciones definidas por el lenguaje, puede encontrar bastante material en "ayuda" dentro del entorno de desarrollo integrado del lenguaje.

Funciones de conversión de tipos de variable:

Sintaxis	Descripción
CByte(expresión)	Convierte una cadena en un dato tipo Byte (0 a 255)
CDate(expresión)	Convierte una cadena en un dato tipo fecha "Date"
CDbl(expresión)	Convierte una cadena en un dato tipoDouble (-1.79769313486231E308 a -4,94065645841247E-324 para valores negativos; 4,94065645841247E-324 a 1,79769313486232E308 para valores positivos)
CStr(expresión)	Convierte una expresión en una cadena alfanumérica

Funciones matemáticas:

Sintaxis	Descripción
Abs(número)	Devuelve el valor absoluto de un número
Cos (Función)	Devuelve el coseno de un ángulo
Sin(número)	Devuelve el seno de un ángulo
Tan(número)	Devuelve la tangente de un ángulo
Sqr(número)	Devuelve la raíz cuadrada de un número
Int(número)	Devuelve el valor entero de un número eliminando la fracción, si el número es negativo el resultado es un número negativo mayor al original
Fix(número)	Devuelve el valor entero de un número eliminando la fracción, si el número es negativo el resultado es un número negativo menor al original

TRABAJANDO CON HOJAS DE UN MISMO LIBRO

Hasta el momento se ha trabajado con datos asignados a celdas de una misma hoja de cálculo; para trabajar con celdas de otras hojas o de otros archivos de hoja de cálculo activos será necesario utilizar las instrucciones "Worksheets" y "Windows". La primera es para trabajar con hojas de un mismo archivo, la segunda es para trabajar con hojas activas de un archivo diferente al que se trabaja y que éste se encuentre activo o abierto.

Worksheets.

La instrucción "Worksheets" nos sirve para hacer referencia a la hoja que se desee trabajar y su sintaxis es la siguiente:

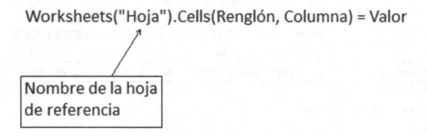

Worksheets("Hoja").Cells(Renglón, Columna) = Valor

Nombre de la hoja de referencia

La instrucción Worksheets siempre se le debe acompañar entre paréntesis la hoja a la que hace referencia, en este caso es la hoja sobre la cual se trabajará y se le asignará en una de sus celdas un valor determinado, también puede ser usado para asignar valores a variables, de la siguiente forma:

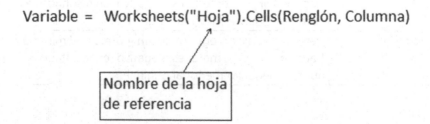

Variable = Worksheets("Hoja").Cells(Renglón, Columna)

Nombre de la hoja de referencia

Para ejemplificar su uso a continuación realizaremos la siguiente macro que tiene como función, el registrar los intereses de un préstamo en los gastos financieros para determinar el resultado antes de impuestos, por lo que capturamos la siguiente tabla de datos, en una hoja que se le nombrará "tabla":

	A	B	C	D	E	F
1						
2		Monto a Solicitado	100,000.00			
3		Comisión 3%	3,000.00			
4		Monto a Financiar	103,000.00			
5		Plazo (meses)	12			
6		Tasa Mensual	2%			
7		Amortización mensual	9,739.64			
8						
9			Tabla de amortización del crédito			
10	Pago	Fecha	Saldo Insoluto	Capital	Interés	Amortización
11	0	12-dic-11	103,000.00			
12	1	11-ene-12	103,000.00	7,679.64	2,060.00	9,739.64
13	2	11-feb-12	95,320.36	7,833.23	1,906.41	9,739.64
14	3	11-mar-12	87,487.13	7,989.90	1,749.74	9,739.64
15	4	11-abr-12	79,497.23	8,149.69	1,589.94	9,739.64
16	5	11-may-12	71,347.54	8,312.69	1,426.95	9,739.64
17	6	11-jun-12	63,034.85	8,478.94	1,260.70	9,739.64
18	7	11-jul-12	54,555.91	8,648.52	1,091.12	9,739.64
19	8	11-ago-12	45,907.39	8,821.49	918.15	9,739.64
20	9	11-sep-12	37,085.90	8,997.92	741.72	9,739.64
21	10	11-oct-12	28,087.98	9,177.88	561.76	9,739.64
22	11	11-nov-12	18,910.10	9,361.44	378.20	9,739.64
23	12	11-dic-12	9,548.67	9,548.67	190.97	9,739.64
24						
25						
26						

Nombre de la hoja

tabla   resultado

Listo

Posteriormente en otra hoja que le llamaremos "resultado", capturamos la siguiente tabla:

	ene-2012	feb-2012	mar-2012	abr-2012	may-2012	jun-2012	jul-2012	ago-2012	sep-2012	oct-2012	nov-2012	dic-2012	Total	%
Ingresos	80,000	75,000	80,000	70,000	95,000	80,000	70,000	75,000	80,000	90,000	95,000	120,000	1,010,000	100%
Costo de Ventas	48,000	45,000	48,000	42,000	57,000	48,000	42,000	45,000	48,000	54,000	57,000	72,000	606,000	60%
Utilidad Bruta	32,000	30,000	32,000	28,000	38,000	32,000	28,000	30,000	32,000	36,000	38,000	48,000	404,000	40%
Gastos de Operación	25,000	30,000	25,000	30,000	25,000	30,000	25,000	30,000	25,000	30,000	25,000	30,000	330,000	33%
Utilidad de Operación	7,000	0	7,000	-2,000	13,000	2,000	3,000	0	7,000	6,000	13,000	18,000	74,000	7%
Gastos Financieros														0%
Utilidad antes de Impuestos	7,000	0	7,000	-2,000	13,000	2,000	3,000	0	7,000	6,000	13,000	18,000	74,000	7%
Utilidad antes de Impuestos acumulada	7,000	7,000	14,000	12,000	25,000	27,000	30,000	30,000	37,000	43,000	56,000	74,000		

Nombre de la hoja

Grabamos una macro que se active con las teclas "Ctrl + q" y capturamos el siguiente código:

```
(General)                                                    Macro14

Sub Macro14()
'
' Macro14 Macro
' Registra el interés de un crédito en la determinación del resultado antes de impuestos.
'
' Acceso directo: CTRL+q
'
Dim interes As Double
Dim contador As Byte


For contador = 1 To 12

    Worksheets("resultado").Cells(15, 2 + contador) = Worksheets("tabla").Cells(11 + contador, 5)

Next contador


End Sub
```

En el código anterior se muestra como el valor que está en la hoja "tabla" en la celda renglón 11 más contador, columna 5, se asigna a la hoja "resultado" en la celda renglón 15, columna 2 más contador. La asignación se hace con utilizando "Worksheets("nombre de la hoja")" para indicar la hoja donde se encuentra el valor y la hoja donde se asignará el valor:

```
Worksheets("resultado").Cells(15, 2 + contador) = Worksheets("tabla").Cells(11 + contador, 5)
```

Una vez capturado el código ejecutamos la macro obteniendo el siguiente resultado:

	ene-2012	feb-2012	mar-2012	abr-2012	may-2012	jun-2012	jul-2012	ago-2012	sep-2012	oct-2012	nov-2012	dic-2012	Total	%
Ingresos	80,000	75,000	80,000	70,000	95,000	80,000	70,000	75,000	80,000	90,000	95,000	120,000	1,010,000	100%
Costo de Ventas	48,000	45,000	48,000	42,000	57,000	48,000	42,000	45,000	48,000	54,000	57,000	72,000	606,000	60%
Utilidad Bruta	32,000	30,000	32,000	28,000	38,000	32,000	28,000	30,000	32,000	36,000	38,000	48,000	404,000	40%
Gastos de Operación	25,000	30,000	25,000	30,000	25,000	30,000	25,000	30,000	25,000	30,000	25,000	30,000	330,000	33%
Utilidad de Operación	7,000	0	7,000	-2,000	13,000	2,000	3,000	0	7,000	6,000	13,000	18,000	74,000	7%
Gastos Financieros	2,060	1,906	1,750	1,590	1,427	1,261	1,091	918	742	562	378	191	13,876	1%
Utilidad antes de Impuestos	4,940	-1,906	5,250	-3,590	11,573	739	1,909	-918	6,258	5,438	12,622	17,809	60,124	6%
Utilidad antes de Impuestos acumulada	4,940	3,034	8,284	4,694	16,267	17,006	18,915	17,997	24,255	29,694	42,315	60,124		

valores de la tabla de amortización

En el siguiente vínculo encontrará el archivo de ejemplo:
https://docs.google.com/open?id=0B-pDqvdevphYQXJscllwbXZSc3EwN1ZVbi10ZHkxUQ

CONTROLES ACTIVEX

Los controles ActiveX son objetos que se colocan en las hojas o en formularios para automatizar tareas, incrementando la funcionalidad de la hoja de cálculo, generando reportes dinámicos que se actualizan en función de los eventos previamente programados por el usuario. Los controles tienen diferentes eventos que los ejecutan, dependiendo de la necesidad de la funcionalidad de la macro, se puede configurar para que se active haciendo clic con el puntero del ratón sobre el objeto o después de actualizar un control determinado, etc.

Se abundarán sobre los eventos dependiendo del control que se exponga más adelante.

Los controles que se expondrán en este taller de macros serán los siguientes:

- Botón de comando o "CommandButton",
- Cuadro de texto o "TextBox",
- Etiqueta o "Label",
- Botón de opción u "OptionButton",
- Cuadro de lista combinado o "ComboBox".

Como se comento anteriormente los controles pueden ser usados insertándolos en la hoja de trabajo o sobre formularios; una vez que se inserta un formulario automáticamente aparece la ventana "Cuadro de Herramientas" que contiene los controles:

El CommandButton aparece en medio de los controles y su ícono es el siguiente:

El TextBox es el siguiente ícono:

La etiqueta o Label es el siguiente ícono

El botón de opción es el siguiente:

El cuadro de lísta combinado o ComboBox es el siguiente:

Formularios

Los formularios o "Forms" son objetos que sirven para contener otros objetos o controles ActiveX, son insertados desde el entorno de desarrollo mediante los siguientes pasos:

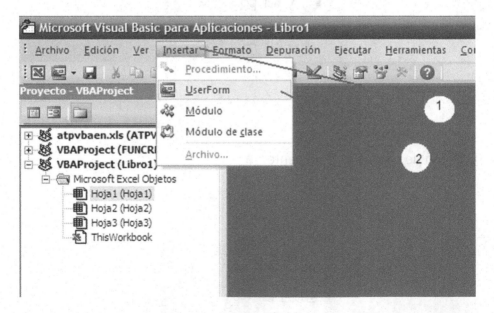

Del menú principal se selecciona "insertar" (1) y posteriormente se selecciona "UserForm" (2), inmediatamente aparecerá en la ventana derecha el objeto "Form" o "Formulario", así como, el cuadro de herramientas con los controles:

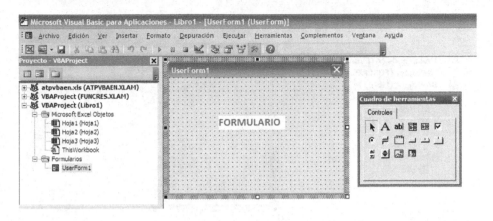

En la parte inferior izquierda de la pantalla se encuentra el cuadro de propiedades, donde se puede modificar el nombre y características del objeto, en el ejemplo del formulario, cambiaremos el nombre que aparece en la parte superior como "UserForm1" y lo renombraremos como "Formulario inicial", por lo que en la ventana de propiedades se busca "Caption" y se escribe el nuevo título borrando lo que esta escrito previamente:

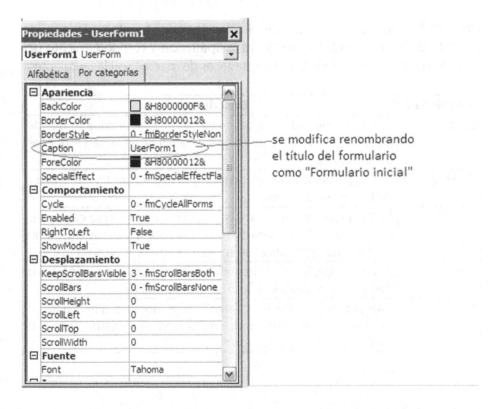

se modifica renombrando el título del formulario como "Formulario inicial"

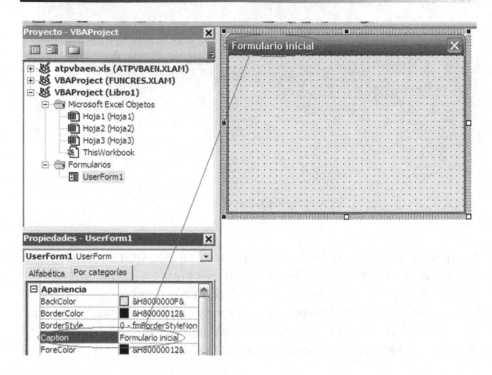

De igual forma, si se desea cambiar el color, tamaño, fuente de la letra, en la ventana de propiedades se configura la apariencia y comportamiento del objeto "Form", entre se utilizarán en este taller de macros son las siguientes:

Propiedad	Descripción
Caption	Es una propiedad de "Apariencia", en ella se escribe lo que se visualizará en la barra de título que aparece en la parte superior del formulario.
BackColor	Es una propiedad de "Apariencia" y sirve para configurar el color de fondo del formulario.
Enable	Es una propiedad de "Comportamiento", esta siempre debe estar con el valor de "True" para que esté disponible para el usuario, de lo contrario no podrá utilizarse en tiempo de ejecución de la macro.
Font	Es una propiedad de "Fuente" y se configura el tipo de letra o fuente que se desea se visualice en el formulario.
Name	Esta propiedad está en "Varias" es el nombre que tendrá el formulario, con el nombre se invocará el objeto "Form" o formulario para su ejecución

Para ejemplificar la invocación de un formulario realizaremos la siguiente macro, en la que se configurará el título y color de fondo, el nombre del formulario será "PRIMERO":

Seleccionamos "Grabar Macro" del menú de "Programador" y configuramos para que se ejecute con la combinación de teclas "Ctrl + q":

Seleccionamos "Aceptar" y "Detener Grabación" para que deje de grabarse la macro, lo que se desea es una macro en blanco, posteriormente abrimos el entorno de programación, en el menú principal seleccionamos "insertar" y "UserForm":

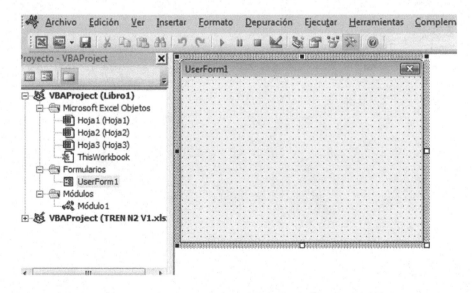

El formulario se configurará las propiedades siguientes:

Caption	Primer formulario
Name	PRIMERO

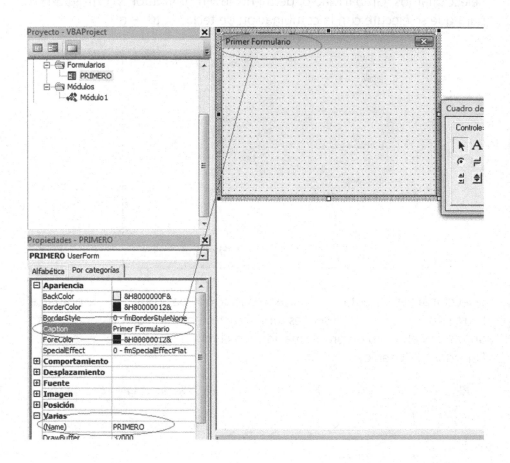

Posteriormente de la ventana de Proyectos seleccionamos "Módulo1" haciendo doble clic con el puntero del ratón, y en la ventana de código escribimos antes de "End Sub" la instrucción "PRIMERO.Show" lo que mostrará el formulario cuando ejecutemos la macro:

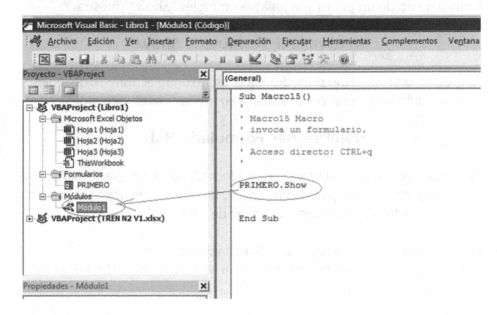

Grabamos el archivo habilitando para uso de macros y ejecutamos desde la hoja de cálculo presionando las teclas "Ctrl + q", lo que debe visualizar el formulario:

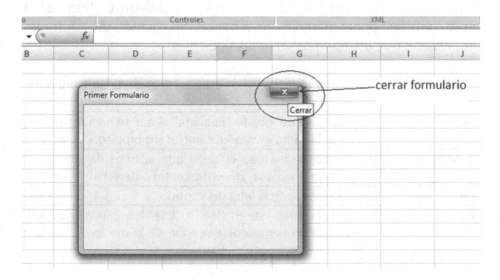

Para cerrar el formulario se deberá hacer clic en la esquina superior derecha y se ejecutará cada ocasión en que se invoque la macro.

La sintaxis para invocar un formulario será escribir el nombre del objeto form seguido de un punto y la palabra en inglés "Show" (mostrar):

Nombre_del_Formulario.Show

Para cerrar un formulario se podrá hacer escribiendo el nombre del objeto form seguido de un punto y la palabra en inglés "Hide" (ocultar):

Nombre_del_Formulario.Hide

Para poder maximizar la utilización de los formularios es necesario colocar los controles y configurarlos, de lo contrario no tendría ningún objeto utilizarlos, el primer objeto que expondremos será el de "etiqueta" o "Label".

En el siguiente vínculo encontrará el archivo de ejemplo: https://docs.google.com/open?id=0B-pDqvdevphYbFlRaF93S0RTd2FxMzNBNlk wXzQzUQ

Label (Etiqueta)

Este control nos servirá para poner textos que definan o describan a otros controles, poner mensajes en ventanas emergentes, etc., entre las propiedades que utilizaremos serán las siguientes:

Caption	Se escribe lo que se visualizará en la etiqueta en tiempo de ejecución de la macro
Name	Es el nombre del objeto "Etiqueta" al que se hará referencia para modificarlo, invocarlo, cambiar sus propiedades, etc.
TextAlign	Esta propiedad alinea el texto que aparece dentro de la etiqueta ya a sea a la izquierda, centro o derecha
Font	Tipo de fuente de la letra del control
Visible	Si esta propiedad esta en el valor "True" la etiqueta podrá ser visualizada en tiempo de ejecución de la macro, si está en "False" no podrá ser visualizada

Enable	Si esta propiedad esta en el valor "True" la etiqueta estará disponible en tiempo de ejecución de la macro, si está en "False" no estará disponible
Posición: Height	Configura la altura de la etiqueta
Posición: Left	Alinea la etiqueta hacia la izquierda del formulario, el valor marca la distancia que guarda sobre el borde izquierdo del formulario
Posición: Top	Alinea la etiqueta respecto del límite superior del formulario, el valor marca la distancia que guarda sobre el borde superior del formulario
Posición: Width	Configura el ancho de la etiqueta

Si se desea cambiar el ancho o lo alto de la etiqueta, también se puede modificar posicionando el puntero del ratón sobre las esquinas que limitan la etiqueta y arrastrar el puntero con el botón del ratón presionado para ajustar el tamaño del control.

La siguiente macro muestra el uso de una etiqueta que muestra un mensaje dentro de un formulario.

Primero grabamos una nueva macro y la configuramos para que se ejecute con la combinación de teclas "Ctrl + q":

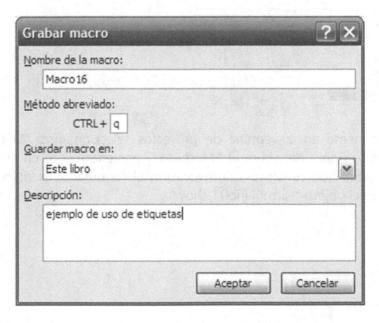

Detenemos la grabación de la macro, abrimos el entorno de desarrollo e insertamos un formulario, modificando las propiedades de "caption" la cual deberá decir "Ejemplo de uso de etiquetas" y modificamos el nombre del objeto formulario como "formulario01":

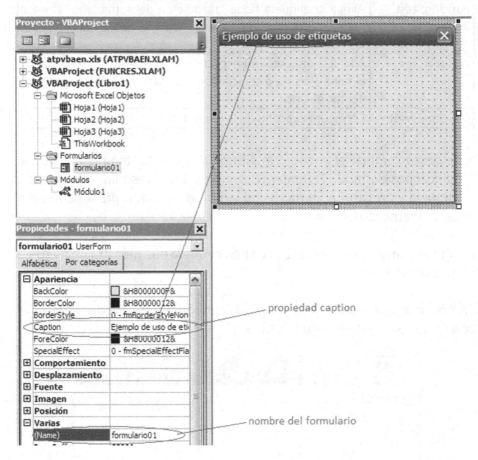

Posteriormente en la ventana de proyectos seleccionamos "Módulos" y hacemos doble clic sobre el "Módulo1", posteriormente en el editor de programación se captura la invocación al formulario, escribiendo el nombre del objeto "formulario01.show":

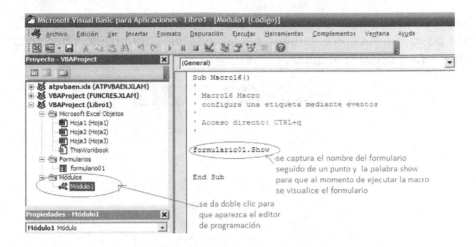

En la ventana de proyectos seleccionamos "Formularios" y hacemos doble clic sobre el "formulario01":

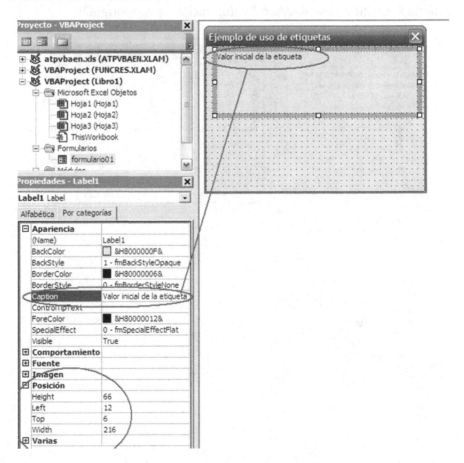

Seleccionamos del cuadro de herramientas el control Label o "Etiqueta", nos posicionamos con el puntero del ratón sobre el formulario y hacemos un clic para pegar la etiqueta:

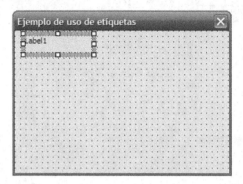

Configuramos su posición en la ventana de propiedades y modificamos la propiedad "caption" escribiendo "Valor inicial de la etiqueta":

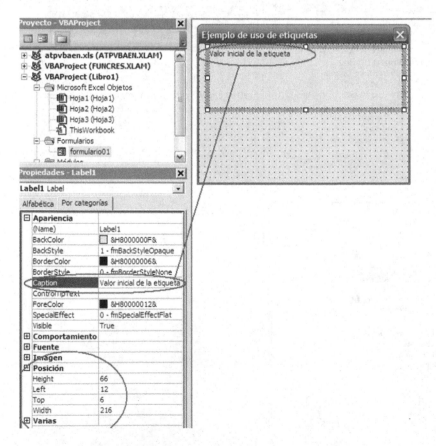

Seleccionamos el formulario y de nuevo hacemos doble clic sobre la etiqueta para abrir el editor de programación, capturando el siguiente código:

```
Private Sub Label1_Click()

If Me.label1.Caption = "Valor inicial de la etiqueta" Then
    Me.label1.Caption = "Modificando el Valor de la etiqueta"
Else
    Me.label1.Caption = "Valor inicial de la etiqueta"
End If

End Sub
```

Analizando el código de la etiqueta podemos hacer las siguientes explicaciones:

- En el código aparece la declaración del inicio del módulo del objeto "Label1_Click()" lo que significa que la etiqueta se modificará mediante el evento "Click",
- La estructura "If" contiene la condición de que en caso de que el contenido de "Label1" sea "Valor inicial de la etiqueta" su contenido sea modificado por "Modificando el Valor de la etiqueta", si no contiene este valor se modifica de nuevo su contenido que estaba en un principio,
- Para hacer referencia al objeto etiqueta se debe primero señalar el objeto "form" o formulario escribiendo su nombre "formulario01" o también se puede utilizar la palabra "Me" que hace referencia al formulario donde se insertó la etiqueta, la sintaxis es "Me.nombre_del_objeto.caption" para nuestro ejemplo sería "Me.label1.caption",
- La propiedad "caption" se modifica cada vez que hacemos un clic sobre la etiqueta del formulario cuando se ejecuta la macro, los eventos se seleccionan en el editor de programación del objeto:

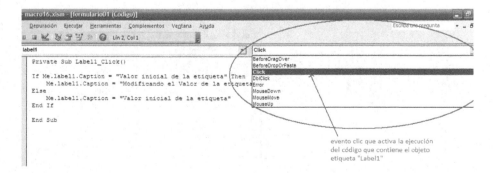

- Los eventos que pueden accionar el código del objeto son los siguientes:

BeforeDragOver	Evento que se produce cuando el usuario está realizando una acción de arrastrar y colocar datos en un objeto
BeforeDropOrPaste	Evento que se produce cuando el usuario está realizando una acción de colocar o pegar datos en un objeto
Click	Evento que se produce cuando el usuario hace un clic sobre el objeto,
DbClick	Evento que se produce cuando el usuario hace un doble clic sobre el objeto,
Error	Se produce cuando un control detecta un error y no puede devolver información del error al programa que lo ha llamado
MouseDown	Evento que se produce cuando el usuario presiona el botón del ratón sobre el objeto,
MouseMove	Evento que se produce cuando el usuario mueve el puntero del ratón sobre el objeto,
MouseUp	Evento que se produce cuando el usuario suelta el botón del ratón sobre el objeto,

Finalmente ejecutamos la macro presionando simultáneamente las teclas "Ctrl + q", y hacemos clic sobre el texto de la etiqueta para que su contenido se modifique:

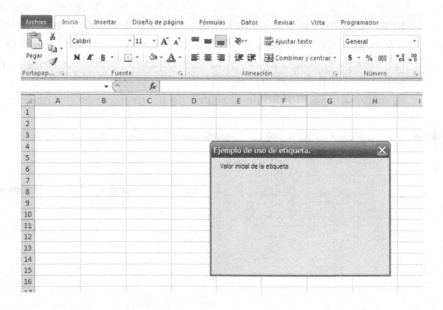

En el siguiente vínculo encontrará el archivo de ejemplo:
https://docs.google.com/open?id=0B-pDqvdevphYQV84eTJGVUVTSUc5LWpnd
mtlTmtoZw

Cuadro de texto (TextBox)

El cuadro de texto es el objeto que servirá para capturar textos o valores
numéricos del usuario final, así como, desplegar datos en consultas que se
hagan a bases de datos, algunas de las propiedades del control "Textbox"
o "cuadro de texto" son las siguientes:

Value	Es el valor o contenido del control, se puede capturar cadenas numéricas y alfanuméricas
Name	Es el nombre del objeto "Textbox" al que se hará referencia para modificarlo, invocarlo, cambiar sus propiedades, etc.
TextAlign	Esta propiedad alinea el texto que aparece dentro del TextBox ya a sea a la izquierda, centro o derecha
Font	Tipo de fuente de la letra del control
Visible	Si esta propiedad esta en el valor "True" elTextBox podrá ser visualizado en tiempo de ejecución de la macro, si está en "False" no podrá ser visualizada
Enable	Si esta propiedad esta en el valor "True" elTextBox estará disponible en tiempo de ejecución de la macro, si está en "False" no estará disponible
Posición: Height	Configura la altura del TextBox
Posición: Left	Alinea elTextBox hacia la izquierda del formulario, el valor marca la distancia que guarda sobre el borde izquierdo del formulario
Posición: Top	Alinea el TextBox respecto del límite superior del formulario, el valor marca la distancia que guarda sobre el borde superior del formulario
Posición: Width	Configura el ancho del TextBox

Igual que el control etiqueta, se puede modificar el tamaño del cuadro de
texto arrastrando las esquinas del borde del control para reducir o
ampliarlo.

Para ejemplificar el uso del cuadro de texto, realizaremos la siguiente
macro:

Seleccionamos grabar macro y la configuramos para que se active con la combinación de teclas "Ctrl + q":

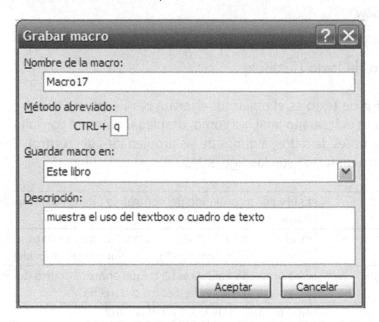

Detenemos la grabación de la macro y abrimos el editor de programación, insertamos un formulario modificando en la ventana de propiedades lo siguiente:

Name	formulario02
Caption	Ejemplo de uso del cuadro de texto
Height	126
Width	297

Pegamos una etiqueta con las siguientes propiedades:

Name	etiqueta01
Caption	Capture su nombre:
Height	12
Left	6
Top	12
Width	78

Insertamos un "Textbox" con las siguientes propiedades:

Name	Ctexto01
*Value	
Height	12
Left	6
Top	12
Width	78

*La propiedad value no tendrá ningún valor por lo que al momento de ejecutar la macro deberá aparecer vacio.

Insertamos una etiqueta con las siguientes propiedades:

Name	etiqueta02
Caption	Mensaje
Height	12
Left	6
Top	12
Width	78

Al final nuestro formulario deberá quedar con la siguiente apariencia:

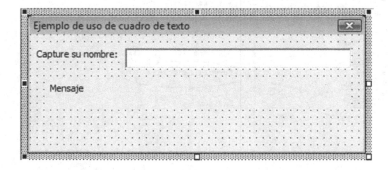

Hacemos doble clic sobre el cuadro de texto "Ctexto01" del formulario para abrir el editor de programación, por lo que en pantalla aparecerá el siguiente código:

```
Private Sub CTexto01_Change()

End Sub
```

En la primera línea aparece la declaración de "Private Sub" seguido por el nombre del control "Ctexto01", un guión bajo y la palabra "Change()" (cambio), Change() es el evento que ejecutará el código que escriba entre la declaración Private y el fin del subproceso "Sub", por lo que capturamos el siguiente código entre las líneas de declaración del procedimiento y el final:

```
Private Sub CTexto01_Change()

If Me.CTexto01.Value <> "" Then
    Me.etiqueta02.Caption = "Bienvenido " & Me.CTexto01.Value
End If

End Sub
```

Una vez capturado el código regresamos a la ventana de proyectos, seleccionamos "Módulos" y hacemos doble clic sobre "Módulo1", para escribir el código que invoque el formulario "formulario02":

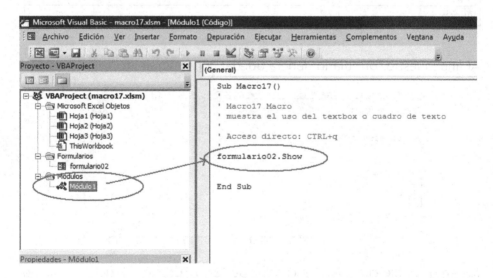

Regresamos a la hoja de cálculo y grabamos el archivo "habilitado para macros", posteriormente ejecutamos la macro presionando las teclas "Ctrl + q" simultáneamente:

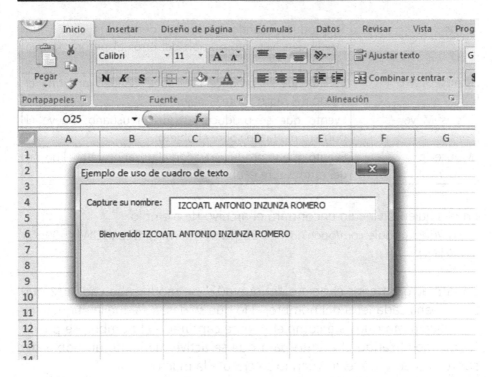

Al ejecutar la macro, cuando se captura en el cuadro de texto el nombre, automáticamente se modifica la propiedad caption del control etiqueta02, ya que el procedimiento del cuadro de texto se programó para ejecutarse con el evento "Change()". Algunos de los eventos que pueden utilizarse con el cuadro de texto "Textbox" son los siguientes:

BeforeDragOver	Evento que se produce cuando el usuario está realizando una acción de arrastrar y colocar datos en un objeto
BeforeDropOrPaste	Evento que se produce cuando el usuario está realizando una acción de colocar o pegar datos en un objeto
Change	Evento que se ejecuta en cuanto cambia el valor del cuadro de texto, (cambia la propiedad "value" del Textbox).
AfterUpDate	Evento que se ejecuta antes de que cambie el valor del cuadro de texto, (antes que cambie la propiedad "value" del Textbox).
BeforeUpDate	Evento que se ejecuta después de que cambia el valor del cuadro de texto, (después que cambia la propiedad "value" del Textbox).
DbClick	Evento que se produce cuando el usuario hace un doble clic sobre el objeto,

Error	Se produce cuando un control detecta un error y no puede devolver información del error al programa que lo ha llamado
MouseDown	Evento que se produce cuando el usuario presiona el botón del ratón sobre el objeto,
MouseMove	Evento que se produce cuando el usuario mueve el puntero del ratón sobre el objeto,
MouseUp	Evento que se produce cuando el usuario suelta el botón del ratón sobre el objeto,

En el siguiente vínculo encontrará el archivo de ejemplo:
https://docs.google.com/open?id=0B-pDqvdevphYaVh4QjdLeDVSUWk4a09nQk
VtYVFkQQ

En la macro anterior el objeto "etiqueta02" se modificaba cada vez que se tecleaba cada letra del nombre, si lo que se desea es que la etiqueta se actualice hasta que esté completamente capturado el nombre, se puede lograr modificando el evento para que se active mediante un doble clic sobre el cuadro de texto cuando se ejecute la macro.

Para ejemplificarlo abrimos el editor de programación del control "Ctexto01", seleccionamos el evento "DbClick", lo que nos creará un nuevo procedimiento:

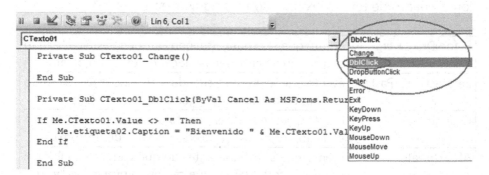

Eliminamos el código que aparece en el evento "Change()" y capturamos el mismo código en el procedimiento del evento "DbClick":

```
CTexto01                                              ▼  DblClick

     Private Sub CTexto01_Change()

     End Sub

     Private Sub CTexto01_DblClick(ByVal Cancel As MSForms.ReturnBoolean)

     If Me.CTexto01.Value <> "" Then
         Me.etiqueta02.Caption = "Bienvenido " & Me.CTexto01.Value
     End If

     End Sub
```

Regresamos a la hoja de cálculo para ejecutar la macro, después de escribir el nombre hacemos doble clic sobre el cuadro de texto para que se modifique la etiqueta:

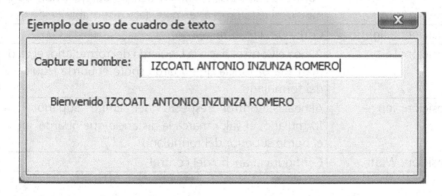

En el siguiente vínculo encontrará el archivo de ejemplo:
https://docs.google.com/open?id=0B-pDqvdevphYWGJGRFVKd05STkd1SDJtVn
Z4ZGZEQQ

Cuadro combinado (ComboBox)

El cuadro combinado o "ComboBox" es un control muy Versátil ya que permite escribir textos y/o seleccionar un dato de una lista previamente cargada en el control mediante la inicialización del control. Algunas de las propiedades del Cuadro Combinado son las siguientes:

Value	Es el valor o contenido del control, se puede capturar cadenas numéricas y alfanuméricas
Name	Es el nombre del objeto "ComboBox" al que se hará referencia para modificarlo, invocarlo, cambiar sus propiedades, etc.
TextAlign	Esta propiedad alinea el texto que aparece dentro del Cuadro Combinado ya a sea a la izquierda, centro o derecha
Font	Tipo de fuente de la letra del control
Visible	Si esta propiedad esta en el valor "True" elCuadro Combinado podrá ser visualizado en tiempo de ejecución de la macro, si está en "False" no podrá ser visualizada
Enable	Si esta propiedad esta en el valor "True" Cuadro de Control estará disponible en tiempo de ejecución de la macro, si está en "False" no estará disponible
Posición: Height	Configura la altura delcontrol
Posición: Left	Alinea elControl hacia la izquierda del formulario, el valor marca la distancia que guarda sobre el borde izquierdo del formulario
Posición: Top	Alinea elControl respecto del límite superior del formulario, el valor marca la distancia que guarda sobre el borde superior del formulario
Posición: Width	Configura el ancho del control

Existen otras propiedades que no se tratarán en el presente trabajo, si usted desea conocer más sobre las propiedades de éste control podrá consultarlas en el menú de ayuda del entorno de desarrollo.

Para ejemplificar el uso del ComboBox o Cuadro Combinado crearemos la siguiente macro que selecciona de una lista a una persona determinada y carga en otros controles los demás datos de una base de datos hecha en hoja de cálculo:

Creamos una macro con la siguiente configuración:

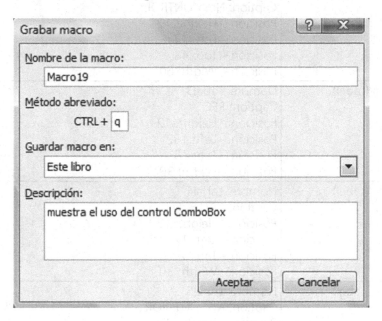

Después de aceptar la configuración se detiene la grabación de la macro y se abre el entorno de programación, se inserta un "UserForm" o formulario al que renombraremos con "formulario03" y las siguientes propiedades:

Name	formulario03
Caption	Ejemplo de uso del ComboBox
Height	271.5
Width	296.25

Una vez creado el formulario, le insertaremos los siguientes controles:

Control	Propiedades
Etiqueta (Label)	Nombre: Label1 Caption: CLIENTE Posición – Height: 12 Posición – Left: 12 Posición – Top: 18 Posición – Width: 42

Etiqueta (Label)	Nombre: Label2 Caption: No. CONTROL: Posición – Height: 12 Posición – Left: 12 Posición – Top: 48 Posición – Width: 60
Etiqueta (Label)	Nombre: Label3 Caption: RFC Posición – Height: 12 Posición – Left: 132 Posición – Top: 48 Posición – Width: 30
Etiqueta (Label)	Nombre: Label4 Caption: CALLE Posición – Height: 12 Posición – Left: 12 Posición – Top: 96 Posición – Width: 30
Etiqueta (Label)	Nombre: Label5 Caption: No. EXTERIOR Posición – Height: 12 Posición – Left: 12 Posición – Top: 120 Posición – Width: 60
Etiqueta (Label)	Nombre: Label6 Caption: CÓDIGO POSTAL Posición – Height: 12 Posición – Left: 144 Posición – Top: 120 Posición – Width: 72
Etiqueta (Label)	Nombre: Label7 Caption: COLONIA Posición – Height: 12 Posición – Left: 12 Posición – Top: 144 Posición – Width: 48
Etiqueta (Label)	Nombre: Label8 Caption: CIUDAD Posición – Height: 12 Posición – Left: 12 Posición – Top: 168 Posición – Width: 48

Cuadro Combinado (ComboBox)	Nombre: NOMBRE_CLIENTE Value: Posición – Height: 18 Posición – Left: 48 Posición – Top: 12 Posición – Width: 228
Cuadro de Texto (TextBox)	Nombre: NUMCTRL Value: Posición – Height: 18 Posición – Left: 72 Posición – Top: 42 Posición – Width: 54
Cuadro de Texto (TextBox)	Nombre: RFC Value: Posición – Height: 18 Posición – Left: 162 Posición – Top: 42 Posición – Width: 108
Cuadro de Texto (TextBox)	Nombre: CALLE Value: Posición – Height: 18 Posición – Left: 48 Posición – Top: 90 Posición – Width: 222
Cuadro de Texto (TextBox)	Nombre: NUMEXT Value: Posición – Height: 18 Posición – Left: 72 Posición – Top: 114 Posición – Width: 54
Cuadro de Texto (TextBox)	Nombre: CP Value: Posición – Height: 18 Posición – Left: 216 Posición – Top: 114 Posición – Width: 54
Cuadro de Texto (TextBox)	Nombre: COLONIA Value: Posición – Height: 18 Posición – Left: 60 Posición – Top: 138 Posición – Width: 210

Cuadro de Texto (TextBox)	Nombre: CIUDAD Value: Posición – Height: 18 Posición – Left: 60 Posición – Top: 162 Posición – Width: 210

Al final el formulario deberá tener la siguiente apariencia

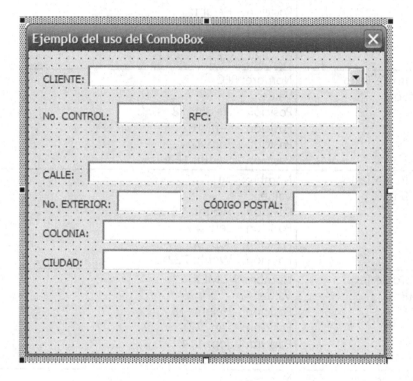

Posteriormente seleccionamos y hacemos doble clic sobre el formulario evitando hacerlo sobre otro control como una etiqueta o cuadro de texto, esta acción deberá abrir el editor de programación, declarando el sub módulo o procedimiento siguiente:

```
Private Sub UserForm_Click()

End Sub
```

El evento que se declara en el procedimiento por default es "Click()", lo cambiamos para que se genere otro procedimiento seleccionando el evento

"Initialize()" que significa que cada vez que se inicialice el formulario03, se ejecutará primero el código que contiene este procedimiento:

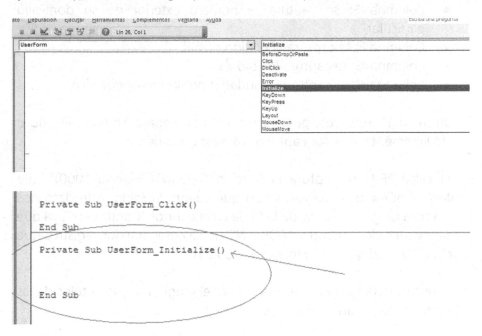

Antes de continuar programando los controles elaboramos en una hoja de cálculo que renombramos con "BD" y capturamos la siguiente tabla:

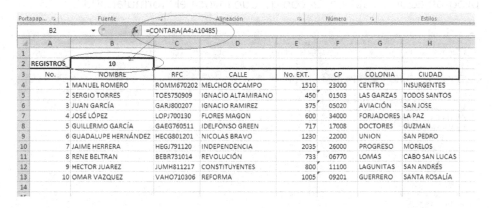

Las columnas tendrán los siguientes contenidos:

- Columna A: se captura el número de control de cada registro o fila,
- Columna B: se captura el nombre del cliente,
- Columna C: se captura el Registro Federal de Contribuyentes,

- Columna D: se captura la calle del domicilio particular sonde vive,
- Columna E: se captura el número exterior de su domicilio particular,
- Columna F: se captura el código postal,
- Columna G: se captura la colonia
- Columna H: se captura la ciudad o población donde vive.

Se capturan 10 registros, pudiendo ser los que aparecen en el listado o puede libremente el lector capturar los datos que desee.

En la celda "B2" se captura la función "=CONTARA(A4:A1000)" que contará el número de registros con que cuenta la tabla, este dato nos servirá para cargar los datos de la tabla en el control "ComboBox", ya que mediante un ciclo de control "FOR – NEXT" se agregarán los registros que la celda "B2" indique, en este ejemplo son 10.

Los registros deberán capturarse a partir del renglón 4, y los títulos de las columnas se registran en el renglón 3.

Capturada la tabla de datos regresamos al entorno de programación, seleccionamos el "Módulo1" haciendo doble clic para abrir el editor de programación y capturar el código que invoca el "formulario03":

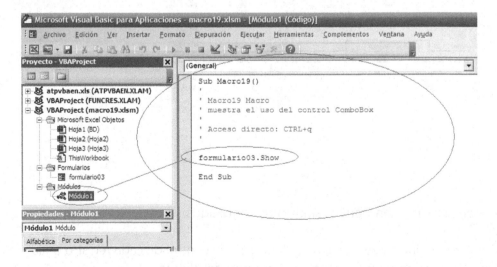

Regresamos al formulario03 y hacemos doble clic sobre su superficie para abrir el editor de programación y capturamos el siguiente código:

```
Private Sub UserForm_Initialize()

Dim CONTADOR01 As Double

For CONTADOR01 = 1 To Worksheets("BD").Cells(2, 2)

    Me.NOMBRE_CLIENTE.AddItem Worksheets("BD").Cells(3 + CONTADOR01, 2)

Next CONTADOR01

Me.NUMCTRL.Value = ""
Me.RFC.Value = ""
Me.CALLE.Value = ""
Me.NUMEXT.Value = ""
Me.CP.Value = ""
Me.COLONIA.Value = ""
Me.CIUDAD.Value = ""

End Sub
```

Dentro del código declaramos la variable "CONTADOR01" de tipo "Double" que servirá como contador del ciclo "For – Next" que cargará los registros en el ComboBox.

Capturamos el ciclo de control "For – Next" con el código en el interior del ciclo que carga los datos en el ComboBox, para hacer esta declaración se hace mención al formulario con la palabra "Me" seguido del nombre del control ComboBox NOMBRE_CLIENTE y la palabra "AddItem" que agrega los registros de la tabla de datos de la hoja de trabajo:

```
For CONTADOR01 = 1 To Worksheets("BD").Cells(2, 2)

    Me.NOMBRE_CLIENTE.AddItem Worksheets("BD").Cells(3 + CONTADOR01, 2)

Next CONTADOR01
```

Y declaramos los demás controles como vacíos:

```
Me.NUMCTRL.Value = ""
Me.RFC.Value = ""
Me.CALLE.Value = ""
Me.NUMEXT.Value = ""
Me.CP.Value = ""
Me.COLONIA.Value = ""
Me.CIUDAD.Value = ""
```

Regresamos al diseño del formulario y hacemos doble clic sobre el ComboBox para abrir en el editor e programación el módulo o procedimiento del control, el evento que aparecerá por default será "Change()" lo que significa que cada vez que cambie el valor (propiedad "Value") del control, se ejecutará el código que contiene el procedimiento:

```
Private Sub NOMBRE_CLIENTE_Change()

Dim CONTADOR02 As Double

For CONTADOR02 = 1 To Worksheets("BD").Cells(2, 2)

    If Worksheets("BD").Cells(3 + CONTADOR02, 2) = Me.NOMBRE_CLIENTE.Value Then
        Me.NUMCTRL.Value = Worksheets("BD").Cells(3 + CONTADOR02, 1)
        Me.RFC.Value = Worksheets("BD").Cells(3 + CONTADOR02, 3)
        Me.CALLE.Value = Worksheets("BD").Cells(3 + CONTADOR02, 4)
        Me.NUMEXT.Value = Worksheets("BD").Cells(3 + CONTADOR02, 5)
        Me.CP.Value = Worksheets("BD").Cells(3 + CONTADOR02, 6)
        Me.COLONIA.Value = Worksheets("BD").Cells(3 + CONTADOR02, 7)
        Me.CIUDAD.Value = Worksheets("BD").Cells(3 + CONTADOR02, 8)
    End If

Next CONTADOR02

End Sub
```

Igual que el procedimiento de inicialización del formulario, aquí declaramos una variable contador y un ciclo de control "For – Next" que buscará en los registros del 1 al número de registros que tenga la tabla (en este caso 10) y en caso de encontrar el registro seleccionado, el resto de los controles de texto se actualizarán con los datos del cliente seleccionado. Si observan el código se puede ver que cuando se cumple la condición del ciclo "IF" que el valor del ComboBox sea similar al del registro de celda de la tabla de datos, se actualizan los valores de los controles en función del valor de la variable CONTADOR02 del ciclo "For":

```
For CONTADOR02 = 1 To Worksheets("BD").Cells(2, 2)

    If Worksheets("BD").Cells(3 + CONTADOR02, 2) = Me.NOMBRE_CLIENTE.Value Then
        Me.NUMCTRL.Value = Worksheets("BD").Cells(3 + CONTADOR02, 1)
        Me.RFC.Value = Worksheets("BD").Cells(3 + CONTADOR02, 3)
        Me.CALLE.Value = Worksheets("BD").Cells(3 + CONTADOR02, 4)
```

Regresamos a la hoja de cálculo donde aparece la tabla de datos y activamos la ejecución de la macro ejecutando simultáneamente las teclas "Ctrl + q":

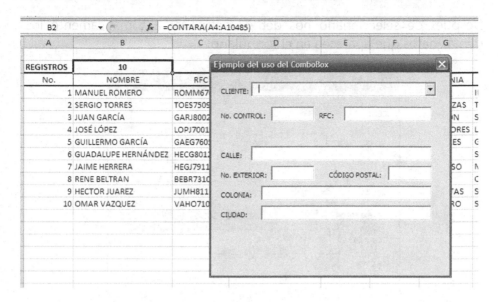

Seleccionamos el control de ComboBox que contiene los nombres de los clientes y posteriormente seleccionamos uno de los clientes:

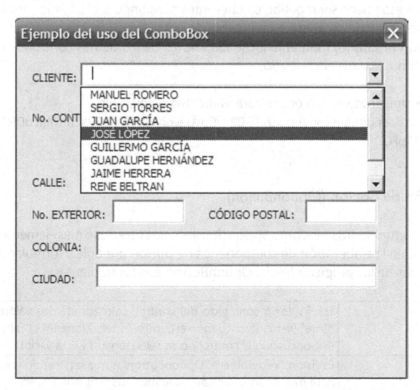

Después de seleccionarlo nos deberá actualizar automáticamente los demás datos que aparecen en el formulario:

El proceso puede ser repetido en diferentes ocasiones, si el usuario captura un nombre que no aparece en la tabla de datos simplemente no generará ningún resultado, manteniéndose los valores de los demás controles con el último registro encontrado.

En el siguiente vínculo encontrará el archivo de ejemplo:
https://docs.google.com/open?id=0B-pDqvdevphYWGhYOG9XcmNRREdDN1Jk
ckFnTEpFQQ

Botón de opción (OptionButton)

Este control será usado como opción de selección entre dos o más elementos, es útil en la elaboración de cuestionarios de opción múltiple y formularios, algunas de las propiedades del OptionButton son las siguientes:

Value	Es el valor o contenido del control, solo admite dos valores "True" (verdadero, cuando el control es seleccionado) y "False" (Falso, cuando el control no es seleccionado y está vacío)
Name	Es el nombre del objeto "OptionButton" al que se hará referencia para modificarlo, invocarlo, cambiar sus propiedades, etc.

TextAlign	Esta propiedad alinea el texto que aparece dentro del Cuadro Combinado ya a sea a la izquierda, centro o derecha
Font	Tipo de fuente de la letra del control
Visible	Si esta propiedad esta en el valor "True" el OptionButton podrá ser visualizado en tiempo de ejecución de la macro, si está en "False" no podrá ser visualizada
Enable	Si esta propiedad esta en el valor "True" OptionButtonestará disponible en tiempo de ejecución de la macro, si está en "False" no estará disponible
Posición: Height	Configura la altura del control
Posición: Left	Alinea el Control hacia la izquierda del formulario, el valor marca la distancia que guarda sobre el borde izquierdo del formulario
Posición: Top	Alinea el Control respecto del límite superior del formulario, el valor marca la distancia que guarda sobre el borde superior del formulario
Posición: Width	Configura el ancho del control

Para ejecutar el uso del OptionButton crearemos una macro donde se utilice el control, preguntará el nombre, y se usarán dos botones de opción uno para "Hombres" y otro para "Mujeres", dependiendo el saludo se personalizará el saludo de bienvenida:

Primero configuramos la ejecución de la macro:

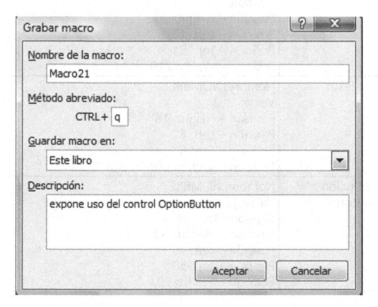

Hacemos clic en el botón de aceptar y detenemos la grabación de la macro, abrimos el entorno de desarrolloe insertamos un formulario con las siguientes propiedades:

Name	formulario04
Caption	Ejemplo de uso de OptionButton
Height	184.5
Width	240

Posteriormente al formulario le insertamos los siguientes controles:

Control	Propiedades
Etiqueta (Label)	Nombre: Label1 Caption: Nombre: Posición – Height: 12 Posición – Left: 12 Posición – Top: 12 Posición – Width: 42
Etiqueta (Label)	Nombre: Label2 Caption: Sexo: Posición – Height: 12 Posición – Left: 12 Posición – Top: 30 Posición – Width: 24
Etiqueta (Label)	Nombre: MENSAJE Caption: Posición – Height: 36 Posición – Left: 18 Posición – Top: 54 Posición – Width: 210
Cuadro de Texto (TextBox)	Nombre: NOMBRE Value: Posición – Height: 18 Posición – Left: 60 Posición – Top: 6 Posición – Width: 168
Botón de Opción (OptionButton)	Nombre: HOMBRE Value: False Caption: Hombre Posición – Height: 18 Posición – Left: 42 Posición – Top: 30 Posición – Width: 60

Botón de Opción (OptionButton)	Nombre: MUJER Value: False Caption: Mujer Posición – Height: 18 Posición – Left: 114 Posición – Top: 30 Posición – Width: 60

Al final nuestro formulario deberá tener la siguiente apariencia:

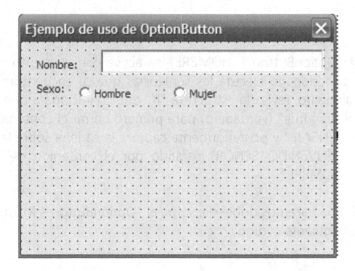

Abrimos en la ventana de proyectos en Módulo el "Módulo 1" y capturamos la sentencia que invoca al formulario "formulario04.Show":

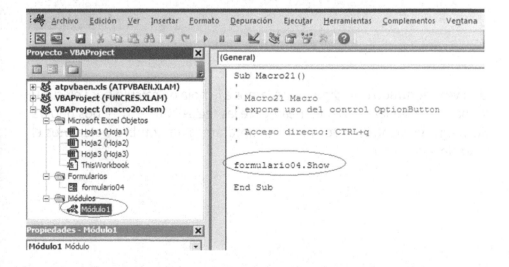

Regresamos al formulario, hacemos doble clic sobre el control de "OptionButton" llamado "HOMBRE" y capturamos el siguiente código:

```
Private Sub HOMBRE_Click()

If Me.HOMBRE.Value = True Then

    Me.MENSAJE.Caption = ""
    Me.MENSAJE.Caption = "BIENVENIDO SEÑOR " & Me.NOMBRE.Value

End If

End Sub
```

El control "OptionButton – HOMBRE" se activa con el evento clic, por lo que al seleccionarlo ejecuta las sentencias que se encuentran dentro del procedimiento, revisa la estructura "If" que condiciona a que el valor del control sea "True" (verdadero) para primero borrar el contenido de la etiqueta "MENSAJE" y posteriormente capture la cadena sobre la misma etiqueta "BIENVENIDO SEÑOR" seguido por el contenido del control "TextBox – NOMBRE"

De igual forma hacemos doble clic sobre el "OptionButton – MUJER" para capturar el siguiente código:

```
Private Sub MUJER_Click()

If Me.MUJER.Value = True Then

    Me.MENSAJE.Caption = ""
    Me.MENSAJE.Caption = "BIENVENIDA SEÑORA/SEÑORITA " & Me.NOMBRE.Value

End If

End Sub
```

Una vez capturado el código, regresamos a la hoja de cálculo para ejecutar la macro presionando simultáneamente las teclas "Ctrl + q" y nos deberá desplegar en pantalla el formulario, capturamos un nombre y elegimos el sexo de la persona:

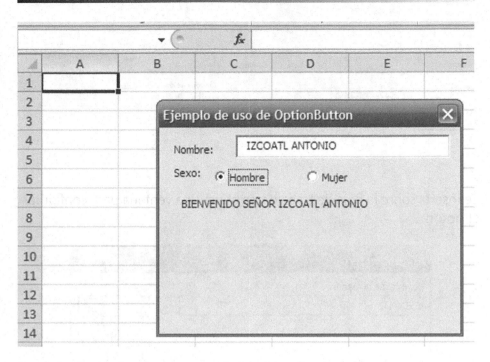

En el siguiente vínculo encontrará el archivo de ejemplo:
https://docs.google.com/open?id=0B-pDqvdevphYWkxrSEszSUpTUS0xV21yZDZ
qMGVXQQ

Botón de Comando (CommandButton)

El botón de comando o CommandButton realiza las acciones determinadas en el editor de programación, el evento que ejecuta la realización es el evento "clic". Para ejemplificar el uso del CommandButton, realizaremos la siguiente macro:

Seleccionamos del Menú de Programador el botón de "Insertar" y seleccionamos el control "Botón de Comando" o "CommandButton":

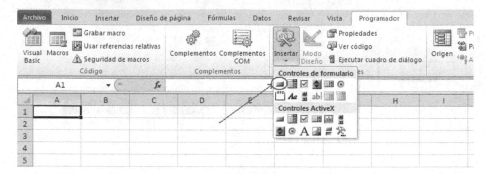

Se inserta sobre la hoja de trabajo y se abrirá una ventana para configurar el botón:

Capturamos en nombre de la macro "EJEMPLO" y hacemos clic sobre el botón "Nuevo", lo que nos abrirá el editor de programación del entorno de desarrollo, creando automáticamente el procedimiento del botón, en "Módulo 1":

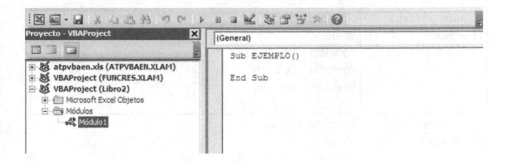

Posteriormente insertamos un formulario que lo nombraremos como "formulario05" y con las siguientes propiedades:

Name	formulario05
Caption	Ejemplo de Botón de Comando

Insertamos los siguientes controles:

Control	Propiedades
Etiqueta (Label)	Nombre: MENSAJE Caption: "REGISTRA EL TEXTO CAPTURADO EN LA CELDA INDICADA, LA CELDA DEBE ESCRIBIRSE HACIEN-DO REFERENCIA A LA COLUMNA Y LUEGO LA FILA O RENGLÓN (EJ. "B2"): " Posición – Height: 30 Posición – Left: 12 Posición – Top: 12 Posición – Width: 216
Etiqueta (Label)	Nombre: Label2 Caption: CELDA Posición – Height: 12 Posición – Left: 12 Posición – Top: 54 Posición – Width: 48
Etiqueta (Label)	Nombre: Label3 Caption: TEXTO Posición – Height: 12 Posición – Left: 12 Posición – Top: 84 Posición – Width: 48

Cuadro de Texto (TextBox)	Nombre: CELDA Value: Posición – Height: 18 Posición – Left: 66 Posición – Top: 48 Posición – Width: 72
Cuadro de Texto (TextBox)	Nombre: TEXTO Value: Posición – Height: 18 Posición – Left: 66 Posición – Top: 78 Posición – Width: 156
Botón de Comando (CommandButton)	Nombre: CommandButton1 Caption: REGISTRAR Posición – Height: 24 Posición – Left: 12 Posición – Top: 114 Posición – Width: 72
Botón de Comando (CommandButton)	Nombre: CommandButton2 Caption: CERRAR Posición – Height: 24 Posición – Left: 138 Posición – Top: 114 Posición – Width: 72

Al final el formulario deberá tener la siguiente apariencia:

Hacemos doble clic sobre el Botón de Comando 1 "REGISTRAR" para abrir el editor de programación del procedimiento y capturamos el siguiente código:

```
Private Sub CommandButton1_Click()

Range(Me.CELDA.Value).Select
ActiveCell.FormulaR1C1 = Me.TEXTO.Value

End Sub
```

El código anterior se utiliza la sentencia "Range(Me.CELDA.Value).Select" para indicar un rango, en este caso el rango es el valor que capturemos en el formulario al ejecutar la macro en el cuadro de texto de "CELDA", la siguiente línea de programación "ActiveCell.FormulaR1C1 = Me.TEXTO. Value" registra en la celda activa el valor del cuadro de texto "TEXTO".

Volvemos al formulario y hacemos doble clic sobre el botón de comando 2 "CERRAR" para abrir el editor de programación y capturamos el siguiente código:

```
Private Sub CommandButton2_Click()

Me.Hide
End

End Sub
```

La línea de código "Me.Hide" indica que el formulario "Me" se debe ocultar, la sentencia "End" indica el fin de la macro.

Seleccionamos en la ventana de proyectos el Módulo 1 haciendo doble clic para abrir el editor de programación y registrar el código para invocar el formulario:

```
Sub EJEMPLO()

formulario05.Show

End Sub
```

Regresamos a la hoja de cálculo y hacemos clic sobre el botón de comando "Botón 1" para ejecutar la macro:

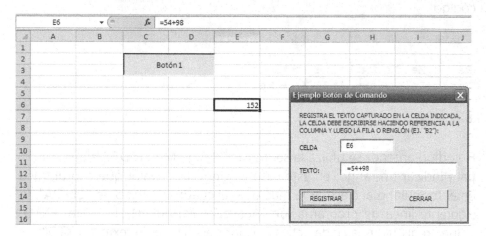

Para finalizar la macro seleccionamos el botón "CERRAR" y eso concluye su ejecución.

En el siguiente vínculo encontrará el archivo de ejemplo:
https://docs.google.com/open?id=0B-pDqvdevphYMVNaeUpTY09UQ0duMm83cGlpNHd3QQ

Las macros que se expondrán a continuación, son más elaboradas y complejas, razón por la cual se sugiere descargar el archivo que aparece vinculado, ejecutarlo, analizar su código desde el editor de programación y corriendo paso por paso el código (al final en la parte de sugerencias explico cómo usar el depurador de variables) lo que contribuirá en una mejor comprensión del archivo.

Recuerde que siempre habrá infinitos caminos para llegar a un punto determinado, por lo que si usted tiene una mejor idea de cómo maximizar el uso del archivo, siéntase en confianza de modificarlo a su gusto, no olvidando depurar el código antes de su uso.
En el siguiente vínculo encontrará el archivo de ejemplo:
https://docs.google.com/open?id=0B-pDqvdevphYTEZMLXJrZEhSaEd1cEVyOGJkY1Z3QQ

CONTRASEÑA DE ACCESO AL ARCHIVO: Mateo13-44

TABLA DE AMORTIZACIÓN DE UN CRÉDITO

Muchas veces estamos al frente de un micro o pequeño negocio que para incrementar sus ventas decide vender a crédito sus productos. Los cálculos los podemos hacer en una hoja de cálculo, y personalizar el tipo de crédito en función del cliente, el producto, el plazo, etc., más sin embargo, para convencer a un cliente el aceptar un crédito no es cuestión de explicarle la mecánica en que le cobraremos intereses, ni tampoco podemos darnos el lujo de hacerlo esperar para calcular y verificar que hayamos hecho correctamente los cálculos para generar la tabla de amortización, más bien, el cliente siempre preguntará cuanto pagará adicionalmente por el plazo elegido, y que tasa de interés le estamos aplicando. Es por lo anterior que debemos procurar automatizar la generación de la tabla de amortización, lo cual podemos lograr generando una macro que automáticamente calcule el pago periódico, y elabore la tabla de amortización.

Antes de generar la macro explicaremos brevemente el proceso por el cual se calcula el pago por periodo y como generaremos la tabla de amortización:

Para calcular los préstamos o créditos utilizaremos la fórmula para determinar amortizaciones iguales, que es la siguiente:

$$A = \left(\frac{(1 + i)^n * i}{(1 + i)^n - 1} \right) * k$$

Donde:

A = es la amortización periódica buscada,
i = es la tasa de interés del periodo,
n = es el número de pagos o periodos,
k = monto del capital financiado

Las variables o datos que debemos conocer previo a la determinación de la amortización mensual, son la tasa de interés anual, el número de pagos y el monto a financiar; otro dato necesario es definir la periodicidad de pago, ya sean semanales, catorcenales, quincenales, mensuales, bimestrales, trimestrales, cuatrimestrales, semestrales o anuales, ya que si el usuario captura una tasa anual y no se indica la frecuencia de pago, se entenderá que los pagos son anuales. Para realizar esta operación debemos definir las fórmulas para determinar la tasa por periodo:

Periodicidad	Días	Fórmula
Semanal	7	(Interés tasa anual / 360 días)*(7 días) = interés del periodo
Catorcenal	14	(Interés tasa anual / 360 días) * (14 días) = interés del periodo
Quincenal	15	(Interés tasa anual / 360 días) * (15 días) = interés del periodo
Mensual	30	(Interés tasa anual / 360 días) * (30 días) = interés del periodo

Periodicidad	Días	Fórmula
Bimestral	60	(Interés tasa anual / 360 días) * (60 días) = interés del periodo
Trimestral	90	(Interés tasa anual / 360 días) * (90 días) = interés del periodo
Cuatrimestral	120	(Interés tasa anual / 360 días) * (120 días) = interés del periodo
Semestral	180	(Interés tasa anual / 360 días) * (180 días) = interés del periodo
Anual	360	(Interés tasa anual / 360 días) * (360 días) = interés del periodo

La determinación de la tasa del periodo es necesaria para la determinación de la amortización del periodo, hay negocios que incluyen una comisión por financiamiento, si esta comisión es financiada, se deberá incluir una variable que permita capturar el porcentaje de comisión que se desee, para determinar el monto a financiar se deberá realizar mediante la siguiente fórmula:

Monto a financiar = (Monto solicitado) x (1 + % de comisión)

Ejemplo:
Monto solicitado: $10,000.00 pesos
% de comisión: 2%

Monto de Financiamiento = (10,000.00) x (1 + 0.02) =**$10,200.00 pesos**

También es importante mencionar que en algunos países existen impuestos que gravan ciertas acciones o eventos, en México la Ley del Impuesto al Valor Agregado (IVA), grava los intereses de cierto tipo de transacciones por lo que deberemos también captar mediante una variable la tasa de impuesto correspondiente, la fórmula aplicable se aplicará sobre la tasa de interés por periodo previamente determinada, siendo ésta la siguiente:

Tasa con IVA incluido = (Tasa de interés del periodo) x (1 + % de IVA)

Ejemplo:
Interés por periodo: 1%
Tasa de IVA: 11% (zona fronteriza)
Tasa con IVA incluido = (0.01) x (1 + 0.11) = **0.0111 = 1.11%**

Para ejemplificar la determinación de una amortización de un crédito determinado, realizaremos el siguiente ejercicio:

Monto de crédito solicitado: $30,000.00 pesos
Tasa anual: 12%
Porcentaje de comisión: 2%
Número de amortizaciones: 24
Periodicidad: Mensual
Tasa de IVA: 11%

- Determinamos el monto a financiar:

Monto a financiar: $30,000.00 * (1+0.02) = **$30,600.00 pesos**

- Calculamos la tasa de interés por periodo, en este caso se seleccionó pagos mensuales, por lo que se dividirán 360 días al año (es opcional considerar 365 días o 360 días) entre 30 días, el resultado será el denominador que dividirá la tasa anual:

Tasa de interés por periodo: (12%) / (360 / 30) = **1%**

- Posteriormente determinamos la tasa de interés por periodo incluyendo el Impuesto al Valor Agregado:

Tasa de interés c/IVA incluido: (0.01) * (1 + 0.11) = **0.0111 = 1.11%**

- Finalmente determinamos la amortización mensual con los datos obtenidos anteriormente:

$$A = \left(\frac{(1 + i)^n * i}{(1 + i)^n - 1} \right) * k$$

Donde:
i = 1.11%
n = 24
k = $30,600.00

$$\frac{(1 + 0.0111)^{24} \, 0.0111}{(1 + 0.0111)^{24} - 1} \times 30\,600 = 1459.38$$

La amortización mensual será de $1,459.38 pesos.

Para determinar el monto total de intereses a pagar, así como, el monto total a pagar de las amortizaciones, elaboramos la tabla de pago, la cual estará compuesta por las siguientes fórmulas:

Interés del periodo = (Saldo insoluto antes de la amortización) x (Tasa de interés sin IVA)

IVA = (Interés del periodo) * (tasa de IVA)

Amortización de capital = (Amortización del periodo) − (Interés del periodo + IVA)

Saldo insoluto = (Saldo insoluto antes de la amortización) − (Capital amortizado)

Para la primera amortización los cálculos serían los siguientes:

Interés del periodo:	($30,600.00)*(0.01) = $306.00 pesos
IVA:	(306.00)*(0.11) = $33.66
Amortización de capital:	(1,459.38) − (306.00 + 33.66) = $1,119.72 pesos
Saldo insoluto:	(30,600.00) − (1,119.72) = $29,480.28 pesos

La segunda amortización se determina de la siguiente manera:

Interés del periodo:	($29,480.28)*(0.01) = $294.80 pesos
IVA:	(294.80)*(0.11) = $32.43
Amortización de capital:	(1,459.38) − (294.80 + 32.43) = $1,132.14 pesos
Saldo insoluto:	(29,480.28) − (1,132.14) = $28,348.13 pesos

Se determinan cada amortización hasta completar los 24 pagos mensuales, quedando la siguiente tabla de amortización:

No. Pago	Saldo Insoluto	Amortización de Capital	Interés	IVA	Amortización del periodo
1	30,600.00	1,119.72	306.00	33.66	1,459.38
2	29,480.28	1,132.15	294.80	32.43	1,459.38
3	28,348.12	1,144.72	283.48	31.18	1,459.38
4	27,203.41	1,157.43	272.03	29.92	1,459.38
5	26,045.98	1,170.27	260.46	28.65	1,459.38
6	24,875.71	1,183.26	248.76	27.36	1,459.38
7	23,692.44	1,196.40	236.92	26.06	1,459.38
8	22,496.05	1,209.68	224.96	24.75	1,459.38
9	21,286.37	1,223.10	212.86	23.42	1,459.38
10	20,063.26	1,236.68	200.63	22.07	1,459.38
11	18,826.58	1,250.41	188.27	20.71	1,459.38
12	17,576.17	1,264.29	175.76	19.33	1,459.38
13	16,311.89	1,278.32	163.12	17.94	1,459.38
14	15,033.57	1,292.51	150.34	16.54	1,459.38
15	13,741.05	1,306.86	137.41	15.12	1,459.38
16	12,434.20	1,321.36	124.34	13.68	1,459.38
17	11,112.83	1,336.03	111.13	12.22	1,459.38
18	9,776.80	1,350.86	97.77	10.75	1,459.38
19	8,425.94	1,365.86	84.26	9.27	1,459.38
20	7,060.09	1,381.02	70.60	7.77	1,459.38
21	5,679.07	1,396.35	56.79	6.25	1,459.38
22	4,282.72	1,411.85	42.83	4.71	1,459.38
23	2,870.88	1,427.52	28.71	3.16	1,459.38
24	1,443.36	1,443.36	14.43	1.59	1,459.38
	Suma total	30,600.00	3,986.67	438.53	35,025.20

Comprendida la manera en como determinar la tabla de amortización procedemos a elaborar la macro para automatizar el proceso de generar la tabla de amortización, por lo que primero diseñamos la tabla en la hoja de cálculo:

	A	B	C	D	E	F	G
1			**TABLA DE AMORTIZACIÓN**				
2		Monto Solicitado			Tasa Interés Nominal		
3	Monto Comisión Financiada				% Comisión		
4		Monto Financiamiento			Tasa IVA		
5		Monto Amortización			Tasa Nominal C/IVA del periodo		
6		Frecuencia de Pago			Número de Pagos		
7	No. Pago	Saldo Insoluto	Amortización de Capital	Interés	IVA	Amortización del periodo	
8							
9							
10							
11							
12							

Insertamos dos botones de comando, uno servirá para calcular la tabla de amortización, el segundo para borrar los datos que se encuentren en la tabla, con el fin de no sobreponer una tabla de amortización sobre otra diferente previamente calculada, lo que pudiera ocasionar errores y confusiones:

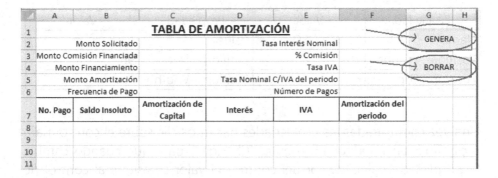

Primero programamos el botón de comando "GENERA", que desplegará en pantalla un formulario llamado "CONFIGURA", por lo que capturamos el siguiente código sobre el control:

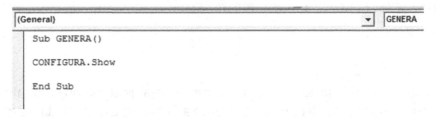

```
(General)                                                ▼   GENERA

    Sub GENERA()

    CONFIGURA.Show

    End Sub
```

El formulario "CONFIGURA" tendrá los siguientes controles:

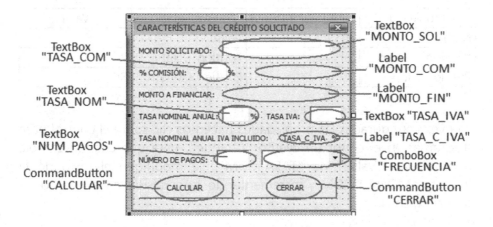

TextBox: "MONTO_SOL":
En éste control de texto el usuario capturará el monto solicitado y servirá para determinar el monto a financiar. Las propiedades que se configurarán de este control son las siguientes:

Propiedad	Valor	Propiedad	Valor
Name	MONTO_SOL	Value	
Position – Height	18	Position – Left	96
Position – Top	6	Position – Width	120

Una vez configuradas las propiedades hacemos clic sobre el control para programar en el editor un evento "Change", para que cuando cambie la propiedad "Value" (valor del control) el valor se asigne al control de etiqueta "MONTO_FIN":

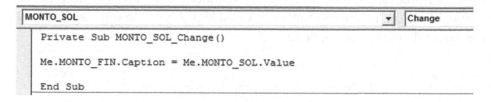

```
MONTO_SOL                                                    ▼  Change

    Private Sub MONTO_SOL_Change()

    Me.MONTO_FIN.Caption = Me.MONTO_SOL.Value

    End Sub
```

TextBox: "TASA_COM":
En éste control de texto el usuario capturará tasa de comisión en número entero y servirá para determinar el monto a financiar. Las propiedades que se configurarán de este control son las siguientes:

Propiedad	Valor	Propiedad	Valor
Name	TASA_COM	Value	
Position – Height	18	Position – Left	72
Position – Top	30	Position – Width	30

Una vez configuradas las propiedades hacemos clic sobre el control para programar en el editor un evento "Change", para que cuando cambie la propiedad "Value" de "TASA_COM", se modifique el texto de la etiqueta "MONTO_COM", incrementando la comisión en el monto de financiamiento:

```
TASA_IVA                                              ▼  Change

  Private Sub TASA_COM_Change()

  If Me.TASA_COM.Value <> "" Then
      Me.MONTO_COM.Caption = Me.MONTO_SOL.Value * Me.TASA_COM.Value / 100
      Me.MONTO_FIN.Caption = CDbl(Me.MONTO_SOL.Value) + CDbl(Me.MONTO_COM.Caption)
  End If

  End Sub
```

TextBox: "TASA_NOM":
En éste control de texto el usuario capturará tasa de interés nominal anual en número entero y servirá para determinar la tasa nominal aplicable a la frecuencia de pago. Las propiedades que se configurarán de este control son las siguientes:

Propiedad	Valor	Propiedad	Valor
Name	TASA_NOM	Value	
Position – Height	18	Position – Left	96
Position – Top	78	Position – Width	30

El control se programará para que en cada evento "Change" (cambio) se modifique el texto de la etiqueta "TASA_C_IVA", hacemos doble clic sobre el control "TASA_NOM" para abrir el editor y capturamos el siguiente código:

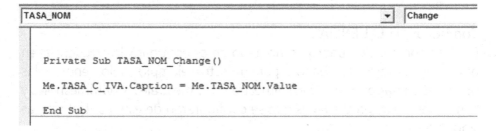

```
TASA_NOM                                              ▼  Change


  Private Sub TASA_NOM_Change()

  Me.TASA_C_IVA.Caption = Me.TASA_NOM.Value

  End Sub
```

TextBox: "TASA_IVA":
En éste control de texto el usuario capturará tasa de Impuesto al Valor Agregado en número entero y servirá para determinar la tasa nominal aplicable a la frecuencia de pago con Impuesto incluido. Las propiedades que se configurarán de este control son las siguientes:

Propiedad	Valor	Propiedad	Valor
Name	TASA_IVA	Value	
Position – Height	18	Position – Left	192
Position – Top	78	Position – Width	36

Capturamos el siguiente código para que al capturar la tasa de IVA la etiqueta "TASA_C_IVA", modifique el texto con la tasa de interés por periodo con IVA incluido:

```
TASA_IVA                                                    ▾  Change

    Private Sub TASA_IVA_Change()

    If Me.TASA_IVA.Value <> "" Then
        Me.TASA_C_IVA.Caption = CDbl(Me.TASA_NOM.Value) * CDbl(Me.TASA_IVA.Value) / 100 + CDbl(Me.TASA_NOM.Value)
    End If

    End Sub
```

TextBox: "NUM_PAGOS":
En éste control de texto el usuario capturará el número de pagos que realizará el deudor del crédito. Las propiedades que se configurarán de este control son las siguientes:

Propiedad	Valor	Propiedad	Valor
Name	NUM_PAGOS	Value	
Position – Height	18	Position – Left	90
Position – Top	126	Position – Width	36

ComboBox "FRECUENCIA":
En éste control de cuadro combinado se seleccionará la frecuencia en que se efectuarán los pagos, para nuestro ejemplo, solo tendrán las opciones de pagos Mensuales, Bimestrales, Trimestrales, Cuatrimestrales y Semestrales. Las propiedades que se configurarán de este control son las siguientes:

Propiedad	Valor	Propiedad	Valor
Name	FRECUENCIA	Value	
Position – Height	18	Position – Left	138
Position – Top	126	Position – Width	90

Se deberá programar este control para que al inicializar el formulario "CONFIGURACION" la primera acción sea el agregar las opciones de pago, para hacerlo debemos hacer doble clic sobre la superficie del formulario para abrir el editor de programación:

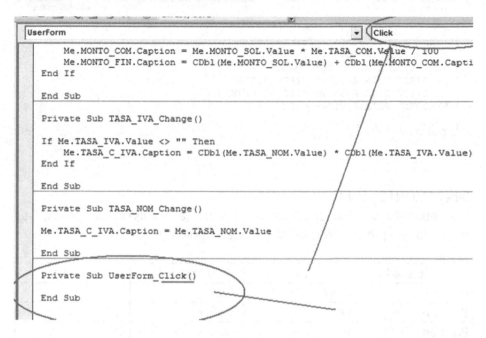

El evento "Click" es el que se asigna automáticamente al hacer doble clic sobre el formulario, éste evento lo cambiamos abriendo las opciones de eventos y seleccionamos el evento "Initialize", para programar que el cuadro combinado tenga las opciones de frecuencia de pago:

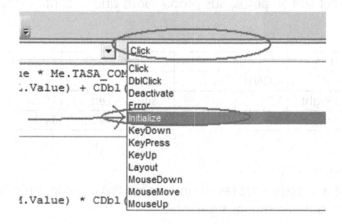

Eso deberá abrir en el editor de programación otro subproceso del formulario con el evento "Initialize" (inicializar) y capturamos el siguiente código:

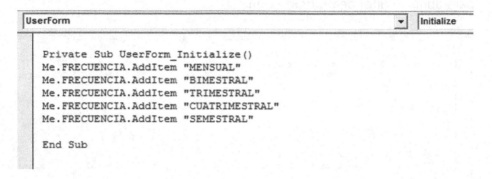

```
UserForm                                          ▼    Initialize

    Private Sub UserForm_Initialize()
    Me.FRECUENCIA.AddItem "MENSUAL"
    Me.FRECUENCIA.AddItem "BIMESTRAL"
    Me.FRECUENCIA.AddItem "TRIMESTRAL"
    Me.FRECUENCIA.AddItem "CUATRIMESTRAL"
    Me.FRECUENCIA.AddItem "SEMESTRAL"

    End Sub
```

Label "MONTO_COM"
Esta etiqueta se desplegará el monto de la comisión en pesos, sus propiedades que se configurarán son las siguientes:

Propiedad	Valor	Propiedad	Valor
Name	MONTO_COM	Value	
Position – Height	12	Position – Left	138
Position – Top	36	Position – Width	84

Label "MONTO_FIN"
Esta etiqueta se desplegará el monto total de financiamiento con la comisión incluida en pesos, sus propiedades que se configurarán son las siguientes:

Propiedad	Valor	Propiedad	Valor
Name	MONTO_FIN	Value	
Position – Height	12	Position – Left	102
Position – Top	60	Position – Width	120

Label "TASA_C_IVA"
Esta etiqueta se desplegará tasa de interés con IVA incluido, sus propiedades que se configurarán son las siguientes:

Propiedad	Valor	Propiedad	Valor
Name	TASA_C_IVA	Value	
Position – Height	12	Position – Left	162
Position – Top	108	Position – Width	48

CommandButton "CERRAR"

Este botón de comando se programará para que cierre el formulario y termine la ejecución de la Macro. Las propiedades que se configurarán son las siguientes:

Propiedad	Valor	Propiedad	Valor
Name	CERRAR	Captio	CERRAR
Position – Height	24	Position – Left	120
Position – Top	156	Position – Width	102

Para la programación del botón de comando se hace doble clic sobre el control para abrir el editor de programación y capturamos el siguiente código:

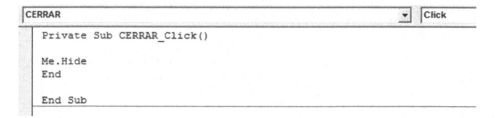

```
CERRAR                                              ▼  Click

    Private Sub CERRAR_Click()

    Me.Hide
    End

    End Sub
```

CommandButton "CALCULAR"

Este botón de comando se programará para que cierre el formulario y termine la ejecución de la Macro. Las propiedades que se configurarán son las siguientes:

Propiedad	Valor	Propiedad	Valor
Name	CALCULAR	Captio	CALCULAR
Position – Height	24	Position – Left	6
Position – Top	156	Position – Width	102

El código de éste botón de comando es el que efectuará todos los cálculos, así como, llenará la tabla de amortización, se dividirá en un módulo principal y varios subprocesos de funciones.

La primera función será para determinar la tasa nominal aplicable según la frecuencia de pago que seleccione el usuario, por lo que hacemos doble clic sobre el botón de "CALCULAR" para abrir el editor de programación y arriba del procedimiento principal () capturamos la función "CALCULAR_TASA":

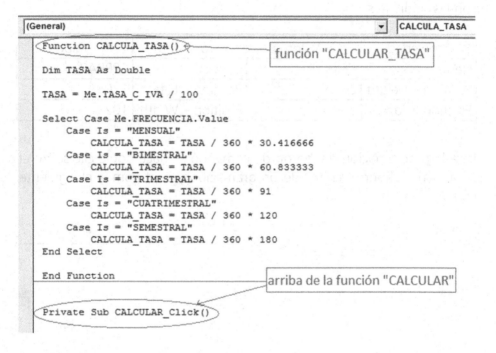

```
(General)                                                    ▼   CALCULA_TASA

Function CALCULA_TASA()                     función "CALCULAR_TASA"

Dim TASA As Double

TASA = Me.TASA_C_IVA / 100

Select Case Me.FRECUENCIA.Value
    Case Is = "MENSUAL"
        CALCULA_TASA = TASA / 360 * 30.416666
    Case Is = "BIMESTRAL"
        CALCULA_TASA = TASA / 360 * 60.833333
    Case Is = "TRIMESTRAL"
        CALCULA_TASA = TASA / 360 * 91
    Case Is = "CUATRIMESTRAL"
        CALCULA_TASA = TASA / 360 * 120
    Case Is = "SEMESTRAL"
        CALCULA_TASA = TASA / 360 * 180
End Select

End Function                            arriba de la función "CALCULAR"

Private Sub CALCULAR_Click()
```

Otra función que se capturará será la que calcule la amortización de pago por periodo llamada "MONTO_AMORT()", se capturará entre la función (de bajo de) "CALCULAR_TASA()" y la función "CALCULAR_Click()" (arriba del módulo principal):

```
(General)                                                          ▼   MONTO_AMORT

         CALCULA_TASA = TASA / 360 * 91
   Case Is = "CUATRIMESTRAL"
         CALCULA_TASA = TASA / 360 * 120          ←─────  función "CALCULAR_TASA"
   Case Is = "SEMESTRAL"
         CALCULA_TASA = TASA / 360 * 180
End Select

End Function

Function MONTO_AMORT() ←─────────  función "MONTO_AMORT()"

Dim FINANCIADO, TASA_AP As Double
Dim NUM_P As Byte

FINANCIADO = Me.MONTO_FIN.Caption
NUM_P = Me.NUM_PAGOS.Value
TASA_AP = CALCULA_TASA()

MONTO_AMORT = FINANCIADO * ((1 + TASA_AP) ^ NUM_P * TASA_AP) / ((1 + TASA_AP) ^ NUM_P - 1)

End Function

Private Sub CALCULAR_Click() ←──────  función principal
```

En el módulo principal capturamos el siguiente código:

```
CALCULAR                                                          ▼   Click

   Private Sub CALCULAR_Click()

   Dim AMORTIZACION, TASA_PER, SALDO, INTERES, CAPITAL As Double
   Dim ACUM_CAP, ACUM_INT, ACUM_IVA, ACUM_AMORT As Double
   Dim CICLOS As Long

   AMORTIZACION = MONTO_AMORT()
   TASA_PER = CALCULA_TASA()
   SALDO = CDbl(Me.MONTO_FIN.Caption)
   INTERES = 0
   ACUM_CAP = 0
   ACUM_INT = 0
   ACUM_IVA = 0
   ACUM_AMORT = 0

   Worksheets("TABLA").Cells(2, 3) = Me.MONTO_SOL.Value
   Worksheets("TABLA").Cells(3, 3) = Me.MONTO_COM.Caption
   Worksheets("TABLA").Cells(4, 3) = Me.MONTO_FIN.Caption
   Worksheets("TABLA").Cells(5, 3) = AMORTIZACION
   Worksheets("TABLA").Cells(6, 3) = Me.FRECUENCIA.Value
   Worksheets("TABLA").Cells(2, 6) = Me.TASA_NOM.Value / 100
   Worksheets("TABLA").Cells(3, 6) = Me.TASA_COM.Value / 100
   Worksheets("TABLA").Cells(4, 6) = Me.TASA_IVA.Value / 100
   Worksheets("TABLA").Cells(5, 6) = TASA_PER
   Worksheets("TABLA").Cells(6, 6) = Me.NUM_PAGOS.Value
```

```
For CICLOS = 1 To Me.NUM_PAGOS.Value + 1

  If CICLOS < Me.NUM_PAGOS.Value + 1 Then
    INTERES = TASA_PER / (1 + CDbl(Me.TASA_IVA) / 100) * SALDO
    ACUM_INT = ACUM_INT + INTERES
    ACUM_IVA = ACUM_IVA + INTERES * CDbl(Me.TASA_IVA.Value) / 100
    CAPITAL = AMORTIZACION - (INTERES * (1 + CDbl(Me.TASA_IVA.Value) / 100))
    ACUM_CAP = ACUM_CAP + CAPITAL
    ACUM_AMORT = ACUM_AMORT + AMORTIZACION

    Worksheets("TABLA").Cells(7 + CICLOS, 1) = CICLOS
    Worksheets("TABLA").Cells(7 + CICLOS, 2) = SALDO
    Worksheets("TABLA").Cells(7 + CICLOS, 3) = CAPITAL
    Worksheets("TABLA").Cells(7 + CICLOS, 4) = INTERES
    Worksheets("TABLA").Cells(7 + CICLOS, 5) = INTERES * CDbl(Me.TASA_IVA.Value) / 100
    Worksheets("TABLA").Cells(7 + CICLOS, 6) = AMORTIZACION
    SALDO = SALDO - CAPITAL
  Else
        Worksheets("TABLA").Cells(7 + CICLOS, 3) = ACUM_CAP
        Worksheets("TABLA").Cells(7 + CICLOS, 4) = ACUM_INT
        Worksheets("TABLA").Cells(7 + CICLOS, 5) = ACUM_IVA
        Worksheets("TABLA").Cells(7 + CICLOS, 6) = ACUM_AMORT
  End If

Next CICLOS

Me.Hide
End

End Sub
```

Una vez capturado nuestra macro estará lista para elaborar tablas de amortización, por lo que minimizamos la ventana del editor de programación para visualizar la hoja de cálculo y ejecutamos la macro:

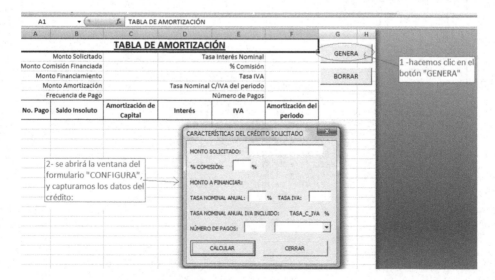

Capturamos los datos del crédito y al finalizar hacemos clic en "CALCULAR":

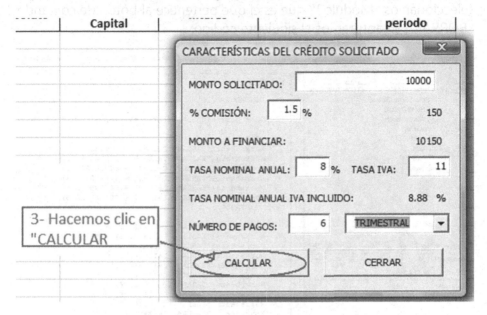

Eso deberá desplegar automáticamente la tabla de amortización:

	A	B	C	D	E	F	G	H
1			**TABLA DE AMORTIZACIÓN**				GENERA	
2		Monto Solicitado	$ 10,000.00		Tasa Interés Nominal	8%		
3	Monto Comisión Financiada		$ 150.00		% Comisión	2%		
4		Monto Financiamiento	$ 10,150.00		Tasa IVA	11%	BORRAR	
5		Monto Amortización	$ 1,827.03		Tasa Nominal C/IVA del periodo	2%		
6		Frecuencia de Pago	TRIMESTRAL		Número de Pagos	6		
7	No. Pago	Saldo Insoluto	Amortización de Capital	Interés	IVA	Amortización del periodo		
8	1	10,150.00	1,599.19	205.26	22.58	1,827.03		
9	2	8,550.81	1,635.09	172.92	19.02	1,827.03		
10	3	6,915.72	1,671.79	139.85	15.38	1,827.03		
11	4	5,243.92	1,709.32	106.04	11.66	1,827.03		
12	5	3,534.60	1,747.69	71.48	7.86	1,827.03		
13	6	1,786.92	1,786.92	36.14	3.97	1,827.03		
14			10,150.00	731.68	80.48	10,962.16		

Si el usuario quiere calcular otra tabla de amortización deberá previamente borrar las celdas que se encuentran con datos, para evitar borrar celdas de encabezados y dedicar más tiempo que invertir un segundo en hacer clic, programamos el botón de comando "BORRAR" para programar la ejecución de la macro que borrará la tabla para evitar sobreponer datos de tablas anteriores y no cometer errores.

Abrimos el editor de programación y de la ventana de proyectos seleccionamos "Módulo2" que es el que pertenece al botón de comando "BORRAR", y capturamos el siguiente código:

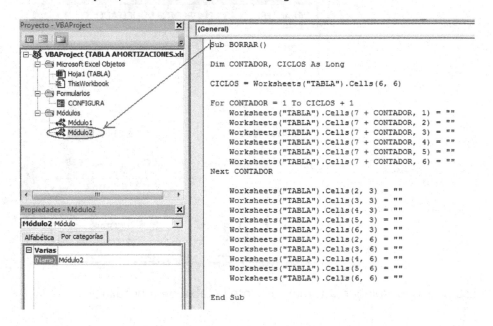

Regresamos a la hoja de cálculo y hacemos clic en el botón de "BORRAR" para limpiar la tabla de amortización:

	A	B	C	D	E	F	G	H
1			**TABLA DE AMORTIZACIÓN**				GENERA	
2		Monto Solicitado	$ 23,000.00	Tasa Interés Nominal		8%		
3	Monto Comisión Financiada		$ 345.00	% Comisión		2%		
4	Monto Financiamiento		$ 23,345.00	Tasa IVA		11%	BORRAR	
5	Monto Amortización		$ 4,202.16	Tasa Nominal C/IVA del periodo		2%		
6	Frecuencia de Pago		TRIMESTRAL	Número de Pagos		6		
7	No. Pago	Saldo Insoluto	Amortización de Capital	Interés	IVA	Amortización del periodo		
8	1	23,345.00	3,678.15	472.09	51.93	4,202.16		
9	2	19,666.85	3,760.71	397.71	43.75	4,202.16		
10	3	15,906.15	3,845.12	321.66	35.38	4,202.16		
11	4	12,061.02	3,931.43	243.90	26.83	4,202.16		
12	5	8,129.59	4,019.68	164.40	18.08	4,202.16		
13	6	4,109.91	4,109.91	83.11	9.14	4,202.16		
14			23,345.00	1,682.86	185.11	25,212.98		

Lo que deberá limpiar las celdas del crédito anterior en la tabla de amortización:

	A	B	C	D	E	F	G	H
1			**TABLA DE AMORTIZACIÓN**				GENERA	
2		Monto Solicitado			Tasa Interés Nominal			
3	Monto Comisión Financiada				% Comisión			
4		Monto Financiamiento			Tasa IVA		BORRAR	
5		Monto Amortización		Tasa Nominal C/IVA del periodo				
6		Frecuencia de Pago			Número de Pagos			
7	No. Pago	Saldo Insoluto	Amortización de Capital	Interés	IVA	Amortización del periodo		
8								
9								
10								
11								
12								

Grabamos el archivo y está listo para ser distribuido y aprovechado por los usuarios, podemos incluir en una hoja adicional un pequeño instructivo si a así se desea.

En el siguiente vínculo encontrará el archivo de ejemplo:

https://docs.google.com/open?id=0B-pDqvdevphYdTJvc1Q5MFlTQnFob3ZUYTFXQIFBQQ

CONTRASEÑA DE ACCESO AL ARCHIVO: Mateo7-12

CONVERTIR NÚMEROS EN LETRAS

Esta macro tiene la finalidad de convertir números en letras, muy útil en formularios donde se tiene que hacer esta conversión, como en llenado de pagarés, facturas, recibos, etc. La macro se presenta como una función elaborada por el usuario y se divide en un módulo principal y 4 funciones, se describe brevemente su objetivo y se adjunta el código. Como se comentó en un principio, existe infinitos pasos y procesos que el programador puede elegir para realizar la conversión, es solo cuestión de imaginación y conocimiento del lenguaje de programación, inclusive el código propuesto se pueden realizar variantes para optimizar líneas y hacer más compacto el código, es elección y gusto del usuario programador el modificar la macro. El código se presenta como una opción solo para demostrar cómo convertir los números, y debe ser depurado y probado antes de incluirlo para su uso administrativo.

Para invocar esta función desde la hoja de cálculo, bastará usarla como una función con la siguiente sintaxis:

=LETRAS1(números o celda que contiene números)

Función principal
La función principal es la encargada de convertir el valor de la variable que contiene el número a convertir en una cadena de texto, separa las fracciones para seleccionar los centavos y los números enteros los envía a diversas funciones para convertirlos a letras.

Hay tres funciones que se utilizan para convertir los números, una vez que se cuenta con la cadena de números enteros, la primera función es la llamada "CICLOS", que mide la longitud de la cadena de números, y los agrupa en subconjuntos de 3 elementos, la primera cadena que es una substracción de los primeros elementos que aparecen de izquierda a derecha, no necesariamente será un subconjunto de 3 elementos, ésta puede ser un subgrupo o subconjunto de 3, 2 o 1 elemento, por lo que para que la macro diferencie el tratamiento de esta primera cadena se programa la función "ELEMENTOSCAD", que nos servirá para dicho propósito.

La segunda función es "ELEMENTOSCAD" para medir la longitud de la primera cadena a convertir.

La tercera función es llamada "GRUPOS", es en esta función donde se convierte la cadena en letras, primero se convierten el grupo de números ya sea 3, 2 o 1, que están en a la izquierda de la cadena de texto, posteriormente continúa con los siguientes 3 elementos hasta que se convierten todos los elementos. Una vez convertida la cadena se devuelve con el nombre de la función "LETRAS1", que a su vez, despliega en la celda de la hoja de cálculo la cadena que es invocada desde la función.

Para capturar el código de la función principal, primero debemos abrir el editor de programador y en el menú principal seleccionamos en "**Insertar**" luego "**Módulo**", esto creará un módulo llamado "**Módulo1**", hacemos doble clic sobre el "**Módulo1**" y esto abrirá el editor de programación para que se capturen las funciones.

Código de la cadena de la función principal.

```
Function letras1(variable1 As Variant)
Dim CADENA As Variant
Dim LONGITUD, PUNTO, CENTAVOS, CICLO1, CONTADOR, CADENA1 As Byte
Dim NUMERO As Double
Dim LETRAS, CENT, MONEDA As String

CADENA = variable1
CONTADOR = 0
LETRAS = ""

If IsNumeric(CADENA) = True Then

    LONGITUD = Len(CADENA)
    PUNTO = InStr(1, CADENA, ".")

    If PUNTO > 0 Then
        CADENA = Left(CADENA, PUNTO + 2)
        CENTAVOS = Right(CADENA, 2)
        CADENA = Left(CADENA, PUNTO - 1)
        LONGITUD = Len(CADENA)
        CICLO1 = CICLOS(LONGITUD)
    Else
        CENTAVOS = 0
        LONGITUD = Len(CADENA)
CICLO1 = CICLOS(LONGITUD)
    End If

CADENA1 = ELEMENTOSCAD(CADENA)

    LETRAS = GRUPOS(CADENA, CICLO1, CADENA1)

End If

If CDbl(CADENA) = 1 Then
MONEDA = " PESO "
Else
    MONEDA = " PESOS "
End If

If CENTAVOS = 0 Then
    CENT = MONEDA & "00/100 M.N."
Else
    CENT = MONEDA &CStr(CENTAVOS) & "/100 M.N."
End If

LETRAS = LETRAS & CENT

letras1 = LETRAS
Worksheets("LETRAS").Cells(3, 2).Select


End Function
```

Función CICLOS

Ésta función definirá que número de subconjuntos se dividirá la cadena original de números enteros, por lo que medirá su longitud y dividirá entre 3, en caso de existir residuo, el número de subconjuntos se incrementará en uno, en caso de que el residuo de la división exacta sea cero, el número de subconjuntos será el resultado de la división sin incremento:

Código de la función "CICLOS"

```
Function CICLOS(LONGITUD As Variant)
Dim cociente, diferencia As Long

    cociente = LONGITUD \ 3
    diferencia = LONGITUD Mod 3

    If diferencia > 0 Then
CICLOS = cociente + 1
Else
CICLOS = cociente
    End If

End Function
```

Función ELEMENTOSCAD

Esta función es invocada desde la función principal para medir la longitud de la primera cadena de números, y devolver su valor a la función principal, ya que será utilizado este valor para la función GRUPOS, para dar tratamiento especial a la primera cadena.

Código de la función ELEMENTOSCAD

```
Function ELEMENTOSCAD(CADENAORIGINAL As Variant)
    Dim LARGO, RESIDUO As Byte

    LARGO = Len(CADENAORIGINAL)
RESIDUO = LARGO Mod 3

    Select Case RESIDUO
    Case Is = 0
ELEMENTOSCAD = 3
        Case Is = 1
            ELEMENTOSCAD = 1
        Case Is = 2
ELEMENTOSCAD = 2
    End Select

End Function
```

Función GRUPOS

Esta función recibe la cadena de números enteros, el número de grupos que generarán los ciclos que convertirán cada subconjunto de tres o menos elementos y la longitud de la primera cadena. En esta función se define según la longitud de la cadena el valor que tendrán los subconjuntos o grupos de elementos en unidades, decenas, cientos, miles, millones, miles de millones o billones, y mandará cada subconjunto a la función "CIENTOS" que es la función que convertirá los elementos de cada subconjunto en letras.

Código de la función GRUPOS

```
Function GRUPOS(CADENA_ENTERA, NUMERO_CICLO, PRIMERA_CAD As Variant)
Dim CONT, CICLO_SEC As Byte
Dim CADENA_SECUNDARIA, CADENA_A As Variant
Dim NOMBRE As String

CADENA_SECUNDARIA = CADENA_ENTERA
CICLO_SEC = NUMERO_CICLO

For CONT = 1 To NUMERO_CICLO
Select Case CICLO_SEC
      Case Is = 1 'CIENTOS
If CONT = 1 Then
          CADENA_A = Left(CADENA_SECUNDARIA, PRIMERA_CAD)
          NOMBRE = CIENTOS(CADENA_A)
      Else
          NOMBRE = NOMBRE &CIENTOS(CADENA_SECUNDARIA)
End If
      Case Is = 2 'MILES
      If CONT = 1 Then
CADENA_A = Left(CADENA_SECUNDARIA, PRIMERA_CAD)
          NOMBRE = CIENTOS(CADENA_A) & " MIL "
          CADENA_SECUNDARIA = Right(CADENA_SECUNDARIA, 3)
      Else
          CADENA_A = Left(CADENA_SECUNDARIA, 3)
          NOMBRE = NOMBRE & CIENTOS(CADENA_A) & " MIL "
          CADENA_SECUNDARIA = Right(CADENA_SECUNDARIA, 3)
End If
          CICLO_SEC = CICLO_SEC - 1
      Case Is = 3 'MILLONES
      If CONT = 1 Then
CADENA_A = Left(CADENA_SECUNDARIA, PRIMERA_CAD)
          NOMBRE = CIENTOS(CADENA_A)
          If CLng(CADENA_A) = 1 Then
             NOMBRE = NOMBRE & " MILLÓN "
          Else
             NOMBRE = NOMBRE & " MILLONES "
          End If
          CADENA_SECUNDARIA = Right(CADENA_SECUNDARIA, 6)
      Else
          CADENA_A = Left(CADENA_SECUNDARIA, 3)
          NOMBRE = NOMBRE &CIENTOS(CADENA_A) & " MILLONES "
          CADENA_SECUNDARIA = Right(CADENA_SECUNDARIA, 6)
End If
          CICLO_SEC = CICLO_SEC - 1
      Case Is = 4 'MILES DE MILLONES
      If CONT = 1 Then
```

```
CADENA_A = Left(CADENA_SECUNDARIA, PRIMERA_CAD)
        NOMBRE = NOMBRE &CIENTOS(CADENA_A)
        If CLng(CADENA_A) = 1 Then
            NOMBRE = NOMBRE & " MIL "
        Else
            NOMBRE = NOMBRE & " MIL "
        End If
        CADENA_SECUNDARIA = Right(CADENA_SECUNDARIA, 9)
    Else
        CADENA_A = Left(CADENA_SECUNDARIA, 3)
        NOMBRE = NOMBRE &CIENTOS(CADENA_A) & " MIL "
        CADENA_SECUNDARIA = Right(CADENA_SECUNDARIA, 9)
End If
        CICLO_SEC = CICLO_SEC - 1
    Case Is = 5 'BILLONES
        If CONT = 1 Then
CADENA_A = Left(CADENA_SECUNDARIA, PRIMERA_CAD)
        NOMBRE = NOMBRE &CIENTOS(CADENA_A)
        If CLng(CADENA_A) = 1 Then
            NOMBRE = NOMBRE & " BILLÓN "
        Else
            NOMBRE = NOMBRE & " BILLONES "
        End If
        CADENA_SECUNDARIA = Right(CADENA_SECUNDARIA, 12)
        Else
        CADENA_A = Left(CADENA_SECUNDARIA, 3)
        NOMBRE = NOMBRE &CIENTOS(CADENA_A) & " BILLONES "
        CADENA_SECUNDARIA = Right(CADENA_SECUNDARIA, 12)
End If
        CICLO_SEC = CICLO_SEC - 1
    End Select
Next CONT

GRUPOS = NOMBRE

End Function
```

Función CIENTOS

Esta función es la que convierte cada subconjunto de números en su representación en letras, busca la composición de números que representen una sola palabra y concatena (une) los números compuestos de más de una palabra.

Código de la función CIENTOS

```
Function CIENTOS(CONVIERTE As Variant)
Dim CIEN, DECIMAS As Byte
Dim TEXTO As String

unidades = CByte(Right(CONVIERTE, 1))
DECIMAS = CByte(Right(CONVIERTE, 2))
CIEN = CByte(Left(CONVIERTE, 1))

If CLng(CONVIERTE) = 0 Then

Else
  If CLng(CONVIERTE) >= 100 Then
    Select Case CIEN
      Case Is = 9
TEXTO = " NOVECIENTOS "
      Case Is = 8
        TEXTO = " OCHOCIENTOS "
Case Is = 7
        TEXTO = " SETECIENTOS "
      Case Is = 6
TEXTO = " SEISCIENTOS "
      Case Is = 5
        TEXTO = " QUINIENTOS "
      Case Is = 4
        TEXTO = " CUATROCIENTOS "
      Case Is = 3
        TEXTO = " TRESCIENTOS "
Case Is = 2
        TEXTO = " DOSCIENTOS "
      Case Is = 1
If CByte(CONVIERTE) = 100 Then
          TEXTO = " CIEN "
Else
          TEXTO = " CIENTO "
        End If
    End Select
  End If
  If DECIMAS > 9 Then
    Select Case DECIMAS 'MAYOR A NUEVE
      Case Is > 89
        If DECIMAS = 90 Then
        TEXTO = TEXTO & "NOVENTA "
Else
          TEXTO = TEXTO & "NOVENTA Y "
End If
      Case 80 To 89
        If DECIMAS = 80 Then
TEXTO = TEXTO & "OCHENTA "
      Else
          TEXTO = TEXTO & "OCHENTA Y "
End If
      Case 70 To 79
        If DECIMAS = 70 Then
TEXTO = TEXTO & "SETENTA "
      Else
        TEXTO = TEXTO & "SETENTA Y "
```

```
End If
      Case 60 To 69
        If DECIMAS = 60 Then
TEXTO = TEXTO & "SESENTA "
        Else
          TEXTO = TEXTO & "SESENTA Y "
End If
      Case 50 To 59
        If DECIMAS = 50 Then
TEXTO = TEXTO & "CINCUENTA "
        Else
          TEXTO = TEXTO & "CINCUENTA Y "
End If
      Case 40 To 49
        If DECIMAS = 40 Then
TEXTO = TEXTO & "CUARENTA "
        Else
          TEXTO = TEXTO & "CUARENTA Y "
End If
      Case 30 To 39
        If DECIMAS = 30 Then
TEXTO = TEXTO & "TREINTA "
        Else
          TEXTO = TEXTO & "TREINTA Y "
End If
      Case 20 To 29
        If DECIMAS = 20 Then
TEXTO = TEXTO & "VEINTE "
        Else
          TEXTO = TEXTO & "VEINTI"
End If
      Case Is = 19
          TEXTO = TEXTO & " DIECINUEVE"
unidades = 0
      Case Is = 18
          TEXTO = TEXTO & " DIECIOCHO"
          unidades = 0
      Case Is = 17
          TEXTO = TEXTO & " DIECISIETE"
          unidades = 0
      Case Is = 16
          TEXTO = TEXTO & " DIECISEIS"
          unidades = 0
      Case Is = 15
          TEXTO = TEXTO & " QUINCE"
          unidades = 0
      Case Is = 14
          TEXTO = TEXTO & " CATORCE"
          unidades = 0
      Case Is = 13
          TEXTO = TEXTO & " TRECE"
          unidades = 0
      Case Is = 12
          TEXTO = TEXTO & " DOCE"
          unidades = 0
      Case Is = 11
          TEXTO = TEXTO & " ONCE"
          unidades = 0
Case Is = 10
          TEXTO = TEXTO & " DIEZ"
    End Select
  End If
 If unidades > 0 Then
   Select Case unidades
Case Is = 9
          TEXTO = TEXTO & "NUEVE"
```

```
Case Is = 8
        TEXTO = TEXTO & "OCHO"
     Case Is = 7
TEXTO = TEXTO & "SIETE"
     Case Is = 6
        TEXTO = TEXTO & "SEIS"
     Case Is = 5
        TEXTO = TEXTO & "CINCO"
     Case Is = 4
        TEXTO = TEXTO & "CUATRO"
     Case Is = 3
        TEXTO = TEXTO & "TRES"
     Case Is = 2
        TEXTO = TEXTO & "DOS"
     Case Is = 1
TEXTO = TEXTO & "UN"
   End Select
  End If
End If

CIENTOS = TEXTO

End Function
```

Una vez que se haya capturado todo el código, solo basta hacer la prueba, por lo que en una hoja del archivo, capturamos la formula según su sintaxis:

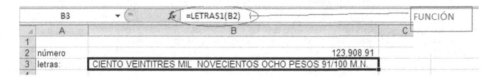

En el siguiente vínculo encontrará el archivo de ejemplo:
https://docs.google.com/open?id=0B-pDqvdevphYamJMeklCMnlSZEtwX2RLd2Q5LXFUQQ

CONTRASEÑA DE ACCESO AL ARCHIVO: Lucas11-9

GENERAR ARCHIVO TEXTO

La siguiente macro tiene la finalidad de generar un archivo de texto con datos exportados desde la hoja de cálculo, ya que hay programas diversos gubernamentales, bases de datos, etc., que permiten la transferencia de bases de datos para evitar una doble captura. Hay varias maneras de cómo generar un archivo de texto, aquí se presenta una propuesta sencilla con el fin de que el usuario final le de el mejor uso, la modifique y adapte a sus necesidades. Por ejemplo, el programa DIM hecho y distribuido por el Sistema de Administración Tributaria en el que se genera la declaración anual de sueldos y salarios. En dicho programa se debe capturar por cada registro de empleado una serie de campos, que hacen engorroso para empresas con un número grande de empleados, invirtiendo horas hombre en captura. Con adecuado manejo de la información se puede preparar en hojas de cálculo la base de datos para exportarlo al archivo de texto y posteriormente importarlo al programa DIM para generar la declaración.

Primeramente definimos en una hoja una fila con encabezados que representan la base de datos a exportar, en base a la estructura del archivo donde se desee importar la base de datos, en la siguiente imagen se muestra un ejemplo:

	A	B	C	D	E	F	G	H
1								
2		CARÁCTER DE SEPARACIÓN:				REGISTROS:	10	GENERA
3	No	RFC	CURP	NSS	NOMBRE(S)	APELLIDO PATERNO	APELLIDO MATERNO	DOMICILIO
4	1	AALP800120	AALP800120HBSR	22008000010	PEDRO	AARON	LOPEZ	OCAMPO
5	2	IBTJ700303	IBTJ700303HBSBR	22907000431	JUAN	IBARRA	TORRES	HIDALGO
6	3	PEHH770901	PEHH770901HBSR	22007700877	HUGO	PEREZ	HERNANDEZ	MANUEL DOBLAI
7	4	GAGL900430	GAGL900430HBSR	22009000010	LUIS	GARCIA	GARCIA	ACCESO A LA PLA
8	5	GOLJ830923	GOLJ830923HBSM	22048300961	JORGE	GOMEZ	LOPEZ	LEONA VICARIO
9	6				RENE	GARCIA	TAPIZ	CARR. TRANSPEN
10	7	ROGO781010	ROGO781010HBSI	2203780914	OCTAVIO	ROMERO	GARCIA	FORJADORES
11	8	FOGR690515	FOGR690515HBSL	22906900761	ROBERTO	FLORES	CASTRO	GALEANA
12	9	MABA580331	MABA580331HBSI	22755800111	ARTURO	MARRUFO	BURGOIN	TULE
13	10	DUQC701201	DUQC701201HBSF	22887000010	CARLOS	DUARTE	QUIROZ	SALVATIERRA

En la celda "D2" se captura el carácter que servirá para separar los datos de cada celda, en la celda "F2" se captura la función "contara" para contar el número de registros a exportar. Se inserta un botón de comando y se da doble clic sobre el control para abrir el botón de programación, capturamos el siguiente código:

(General)	▼	GENERA

```
Sub GENERA()

Set fs = CreateObject("Scripting.FileSystemObject")
Set a = fs.CreateTextFile("c:\cargabatch.txt", True)

Dim REGISTROS, CONT_FILA, CONT_COL As Double
Dim CELDA, CARACTER, CADENA As String

REGISTROS = Worksheets("REGS").Cells(2, 6)
CARACTER = Worksheets("REGS").Cells(2, 4)

For CONT_FILA = 1 To REGISTROS
    For CONT_COL = 1 To 16
        CELDA = Worksheets("REGS").Cells(3 + CONT_FILA, CONT_COL)
        If CONT_COL = 1 Then
            CADENA = CELDA
        Else
            CADENA = CADENA & CARACTER & CELDA
        End If
        If CONT_COL = 16 Then
            a.WriteLine (CADENA)
        End If
    Next CONT_COL
Next CONT_FILA

a.Close

End Sub
```

Se define en la creación del archivo la ruta en que se grabará, estableciendo como directorio la raíz de la unidad "C:\" seguido por el nombre del archivo "cargabatch.txt", es importante que se defina con la extensión ".txt".

Dentro del ciclo de control se establece que una vez que esté completo el registro o fila, se escriba una línea en el archivo de texto mediante la orden "a.WriteLine(CADENA)", donde "CADENA" es la variable que guarda la concatenación de los campos.

Una vez que se hayan capturado todos los registros a exportar se ejecuta la macro haciendo clic sobre el botón de comando. Ejecutada la macro se busca en la raíz de la unidad "C:\":

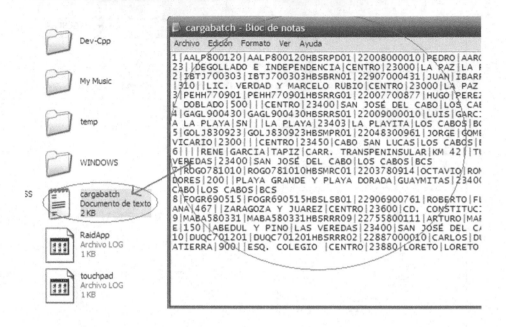

En el siguiente vínculo encontrará el archivo de ejemplo:
https://docs.google.com/open?id=0B-pDqvdevphYZS1rNDJBNDhUWGlENHRO
WU1GV0JTdw

CONTRASEÑA DE ACCESO AL ARCHIVO: Qo14-20

CONTROL DE FACTURACIÓN

El control de la facturación es importante para todo negocio, ya que por Ley (En México) estamos obligados a expedir comprobantes los que estén bajo cierto régimen fiscal. El presente trabajo expondrá un formato de control de facturación ejecutado con Macros, con el fin de ayudar a aquellos programadores que no tengan familiaridad con el tema, y también ayudar a personas que no cuentan con recursos para comprar un sistema comercial. Es importante mencionar que por ser un ejemplo puede contener errores en alguno de sus procesos por lo que se recomienda al usuario final depurar y modificar el código adaptándolo a sus necesidades, y aclarar que este tipo de control funciona si son pocos los registros que se manejan, ya que si su emisión de facturas es alta, se recomienda comprar un programa comercial o pedir a un programador elaborar el sistema a sus necesidades en un programa compilado.

El Código Fiscal de la Federación exige la emisión de comprobantes fiscales digitales en ciertos regímenes fiscales. Para contribuyentes que en el año no hayan emitido comprobantes digitales y que sus ingresos acumulados no vayan a superar los 4 millones de pesos, está la opción de comprobantes impresos con código de barras bidimensional, es en estos casos en donde el presente trabajo puede tener utilidad.

El control de facturación es básicamente registrar de manera sistemática las ventas de una unidad de negocio, no solo para fines fiscales y de impuestos, también es una base de datos de información que contribuye al comerciante a tomar decisiones sobre que productos se venden más, que productos tardan más en salir de inventario, que clientes consumen más y cuales son solo ocasionales, la ubicación geográfica de los clientes que más consumen, etc.

Es por anterior que deben diseñarse estructuras de bases de datos que guarden la información de utilidad para que se pueda cumplir con la Ley, así como, brindar información oportuna al comerciante.

En el diseño de nuestro control de facturas definiremos las bases de datos que se utilizaran, así como, el código de las Macros. Las bases de datos propuestas serán las siguientes:

- Clientes,
- Productos o Inventarios,
- Registro de facturas y notas de venta,
- Registro de salidas inventarios de almacén y/o detalle de conceptos facturados,
- Control de registros

Estas bases de datos se detallan a continuación, las cuales para efectos prácticos solo manejaremos 3 tipos de datos: numérico (solo números), fecha y alfanumérico (puede aceptar números y letras):

Clientes:

Se llevará el registro de los clientes, los campos son los siguientes:

Nombre del campo	Descripción	Tipo de dato
# CONSECUTIVO	Número consecutivo de registro y campo índice	Numérico
RFC	Registro Federal de Contribuyente del cliente persona física o moral	Alfanumérico
CLIENTE	Nombre del cliente persona física o moral	Alfanumérico
CURP	Clave Única de Registro Poblacional del cliente persona física	Alfanumérico
REPRESENTANTE LEGAL:	Nombre del representante legal de la persona moral	Alfanumérico
CALLE	Nombre de la avenida o calle domicilio fiscal del negocio	Alfanumérico
No	Número exterior del domicilio fiscal del negocio	Numérico
REFERENCIA	Avenidas o calles de referencia del domicilio fiscal del cliente	Alfanumérico
COLONIA	Colonia del domicilio fiscal	Alfanumérico
CIUDAD	Ciudad del domicilio fiscal	Alfanumérico
CP	Código Postal	Numérico
MPIO	Municipio o Delegación	Alfanumérico
EDO	Entidad Federativa	Alfanumérico
TELEFONO(S)	Número Telefónico	Numérico
CORREO ELECTRÓNICO	Correo electrónico	Alfanumérico

La hoja de cálculo podrá tener el siguiente diseño:

Productos o Inventarios:
Se llevará el registro de los bienes o servicios, los campos son los siguientes:

Nombre del campo	Descripción	Tipo de dato
No.	Número consecutivo de registro	Numérico
CÓDIGO	Código de producto (según catálogo de productos definido por el usuario)	Alfanumérico
CLASE	Clasificación del producto según necesidades del usuario	Alfanumérico
DESCRIPCIÓN	Descripción del producto o servicio	Alfanumérico
TASA (0%, 11%, 16%)	Tasa de Impuesto al Valor Agregado según tipo de bien o servicio	Numérico
UNIDAD DE MEDIDA	Unidad de medida del producto, por ejemplo, cajas, piezas, toneladas, kilos, gramos, etc.,	Alfanumérico
PRECIO UNITARIO	Valor unitario sin incluir el Impuesto al Valor Agregado	Numérico

La hoja de cálculo de la base de datos de inventario podrá tener el siguiente diseño:

	A	B	C	D	E	F	G
1				uno sa de cv			
2				BASE DE DATOS DE PRODUCTOS			
3							Miércoles, 14 de Marzo de 2012
4		REGISTROS:	5				
5	No.	CÓDIGO	CLASE	DESCRIPCIÓN	TASA (0, 10, 15)	UNIDAD DE MEDIDA	PRECIO UNITARIO
6	1	A-001	AIRE ACONDICIONADO	MARCA SAMSUNG 24,000 BTU'S	16	PIEZA	12,000.00
7	2	A-002	AIRE ACONDICIONADO	MARCA TRANE 3 TONS TIPO MINI SPLIT 220 VOLTS	15	PIEZA	15,000.00
8	3	A-003	AIRE ACONDICIONADO	MARCA CARRIER 12,000 BTU DE VENTANA 220 VOLTS	15	PIEZA	7,500.00
9	4	B-001	ACCESORIO	GAS REFRIGERANTE	0	LITROS	200.00
10	5	B-002	ACCESORIO	ESPUMA AISLANTE	10	METRO CUADRADO	300.00
11							
12							

Registro de facturas y notas de venta
Base de datos donde se registran de manera general los datos de facturación sin detallar los conceptos facturados (bienes y/o servicios), se registrarán en dos hojas de trabajo para separar las bases de datos de facturas de las notas de venta, los campos de ambas bases de datos serán los siguientes:

Nombre del campo	Descripción	Tipo de dato
#FACT	Número consecutivo de factura	Alfanumérico
FECHA ELAB	Fecha de emisión de factura	Fecha
RFC	Registro federal de contribuyentes del cliente a quien se factura	Alfanumérico
NOMBRE	Nombre del cliente a quien se factura	Alfanumérico
SUBTOTAL 1	Suma total de conceptos facturados antes de impuestos y descuentos	Numérico
DESCUENTO	Descuento total sobre conceptos facturados	Numérico
SUBTOTAL 2	Suma total de conceptos facturados después de descuentos	Numérico
IVA	Impuesto al Valor Agregado sobre conceptos facturados	Numérico
TOTAL	Suma total conceptos facturados IVA incluido	Numérico
TIPO DE PAGO	Venta al contado o a crédito	Alfanumérico
OBSERVACIONES	Campo agregado para incluir anotaciones como fecha de cobro por venta a crédito, nombre de la persona que recibe la factura, etc.	Alfanumérico

El diseño de la base de datos en la hoja de cálculo podrá ser el siguiente:

Registro de salidas inventarios de almacén y/o detalle de conceptos facturados,

Ésta base de datos se registrarán las salidas de almacén de productos o mercancías, y/o servicios por concepto. La importancia que tiene ésta base de datos es que permite al comerciante identificar los productos de mayor movimiento, así como, aquellos tienen poca rotación, analizar el margen de utilidad, etc., los campos que componen la base de datos son los siguientes:

Nombre del campo	Descripción	Tipo de dato
No	Número consecutivo de registro	Numérico
#FACT/NOTA	Número de folio de factura o nota de venta	Numérico
FECHA ELAB	Fecha de emisión factura o nota de venta	Fecha
RFC	Registro federal de contribuyentes del cliente a quien se le factura	Alfanumérico
CLIENTE	Nombre del cliente al que se le factura	Alfanumérico
DESCRIPCIÓN	Nombre del producto o servicio facturado	Alfanumérico
CANTIDAD	Cantidad del producto o servicio facturado	Numérico
PRECIO UNITARIO	Precio unitario sin incluir IVA	Numérico
DESCUENTO S/ VTA	Descuento sobre venta en caso de haberlo sobre el producto	Numérico
IMPORTE DE VENTA	Importe neto de venta después de descuento (en su caso)	Numérico
IVA	Impuesto al Valor Agregado del producto/ servicio	Numérico
TOTAL	Total facturado del producto/servicio IVA incluido	Numérico
U.M.	Unidad de medida (piezas, cajas, kilos, etc.) del producto facturado	Alfanumérico
DOCTO	Se registra si el documento emitido fue factura o nota de venta	Alfanumérico

El diseño de la base de datos podrá ser el siguiente:

Control de registros

Esta base de datos tiene la finalidad de registrar en que número de renglón o que número de registro quedo una factura específica, así como, los conceptos facturados, con el fin de hacer una búsqueda más rápida, sin tener que realizar una búsqueda de registro por registro, por ejemplo, si se emite una factura, en la base de datos de control de registros quedará registrado el renglón de la factura en la base de datos "facturas y notas de venta", también quedará registrado el renglón donde se registraron los productos o servicios facturados y el número de productos y/o servicios de la base de datos "salidas inventarios de almacén y/o detalle de conceptos facturados", de otra forma se tendría que buscar en la base de datos en las dos bases de datos representando el uso de más recursos del procesador y más tiempo de búsqueda. Los campos de ésta base de datos son los siguientes:

Nombre del campo	Descripción	Tipo de dato
No CTRL	Número consecutivo de registro de base de datos (campo índice)	Numérico
No FACT/NV	Número de factura o nota de venta	Numérico
POS1	Número de renglón donde quedó registrada la factura en la base de datos "REGISTROS" o la nota de venta en la base de datos "NOTAVTA"	Numérico
MOVS	Número de conceptos (bienes y/o servicios) facturados	Numérico
POS MOV1	Número de renglón donde quedó registrado el primer concepto en la base de datos "SALIDAS"	Numérico
CANCEL	Registra el número 1 en caso de que se haya cancelado la factura/nota de venta, o se encontrará vacío mientras no se cancela el documento.	Numérico
OPER	Registra "cero" cuando el documento (factura o nota de venta es al contado y "uno" cuando el documento es a crédito	Numérico
POS CLIENT	Número de renglón donde se encuentra el registro del cliente al que se le emitió la factura o nota de venta	Numérico

DOCTO	Registra "FC" en caso de que el documento sea factura por lo que buscará en la base de datos de facturas los registros o "NV" por lo que buscará los datos en la base de datos de notas de venta.	Alfanumérico

El diseño de la base de datos será el siguiente:

La hoja donde se generarán las facturas o notas de venta será la siguiente:

Se insertarán 5 botones de comando, con las siguientes funciones:

- REGISTRO: este botón de comando es el que desplegará los formularios para la creación de una nueva factura o nota de venta,
- CONSULTA: este botón reconstruirá en pantalla una factura ya impresa, en caso de que se ocupe reimprimir,
- CANCELAR: este botón ejecutará la macro para registrar la cancelación de una factura o nota de venta,
- CLIENTES: este botón abre la hoja de trabajo donde se encuentra la base de datos de clientes,

- INVENTARIO: este botón abre la hoja de trabajo donde se encuentra la base de datos de inventario de productos o servicios.

Registro de facturas:

Esta Macro será ejecutada por el botón de comando "REGISTRO", y desplegará el formulario de "FACTURA", por lo que capturamos el siguiente código:

```
Private Sub facturas_Click()

FACTURA.Show

End Sub
```

El formulario que desplegará tendrá los siguientes controles:

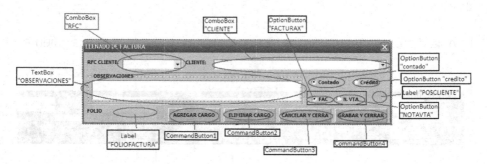

El formulario FACTURA, se correrá un subproceso de inicialización de controles y limpieza de hoja de trabajo, que realizarán las siguientes acciones:

- Para inicializar los controles ComboBox de "RFC" y "CLIENTE", se deberán crear ciclos para que de la base de datos de la hoja "CLIENTES" se carguen dichos controles con los datos existentes, de tal manera que en tiempo de ejecución estén disponibles,
- También se deberá cuidar que al iniciar la captura de una nueva factura o nota de venta, el formulario no tenga ningún dato, ya que podría ocasionar errores de facturación, por lo que se deberá correr un proceso de limpieza de formulario en hoja de trabajo que elimine los datos previamente capturados en otro documento,

- Se cargarán sobre los controles de etiqueta los datos del número de renglón del registro del cliente para no volver a generar otra consulta cuando se requiera registrar los datos, así como, el folio de la factura o nota de venta.

El código del formulario que se capturará en el editor de programación será el siguiente (cuidando que el evento del subproceso sea "Initialize"):

```
Private Sub UserForm_Initialize()

Dim NUMCLIENTES, CONTCLIENTES As Double
Dim REGIMP As Byte

    Rows("12:12").Select
    Range(Selection, Selection.End(xlDown)).Select
    Selection.Delete Shift:=xlUp
    Cells(4, 4) = ""
    Cells(4, 20) = ""
    Cells(4, 23) = ""
    Cells(6, 4) = ""
    Cells(6, 20) = ""
    Cells(6, 23) = ""
    Cells(8, 2) = ""
    Cells(8, 13) = ""
    Cells(8, 18) = ""
    Cells(8, 20) = ""
    Cells(8, 22) = ""
    Cells(10, 19) = ""

    For REGIMP = 1 To 16
        Worksheets("IMPRESION").Cells(11 + REGIMP, 1) = ""
        Worksheets("IMPRESION").Cells(11 + REGIMP, 2) = ""
        Worksheets("IMPRESION").Cells(11 + REGIMP, 8) = ""
        Worksheets("IMPRESION").Cells(11 + REGIMP, 9) = ""
    Next REGIMP

    Worksheets("IMP NV").Select
        Range("D11:I25").Select
        Selection.ClearContents
    Worksheets("PRINCIPAL").Select

NUMCLIENTES = Worksheets("CLIENTES").Cells(4, 2)


For CONTCLIENTES = 1 To NUMCLIENTES

    Me.RFC.AddItem Worksheets("CLIENTES").Cells(5 + CONTCLIENTES, 2)
    Me.CLIENTE.AddItem Worksheets("CLIENTES").Cells(5 + CONTCLIENTES, 3)

Next CONTCLIENTES

    Me.FOLIOFACTURA.Caption = Worksheets("DATOS EMPRESA").Cells(4, 2) + 1
    Worksheets("PRINCIPAL").Cells(6, 23) = Me.FOLIOFACTURA.Caption
    Worksheets("PRINCIPAL").Cells(8, 2) = "CONTADO"
```

```
Range("M8:O8").Select
  ActiveCell.FormulaR1C1 = "=SUM(R[4]C[6]:R[65528]C[6])"
  Range("M9").Select
  ActiveWindow.ScrollRow = 8
  ActiveWindow.ScrollRow = 7
  ActiveWindow.ScrollRow = 6
  ActiveWindow.ScrollRow = 5
  ActiveWindow.ScrollRow = 4
  ActiveWindow.ScrollRow = 3
  ActiveWindow.ScrollRow = 2
  ActiveWindow.ScrollRow = 1
  Range("R8").Select
  ActiveCell.FormulaR1C1 = "=SUM(R[4]C[2]:R[65528]C[2])"
  Range("R9").Select
  ActiveWindow.ScrollRow = 8
  ActiveWindow.ScrollRow = 7
  ActiveWindow.ScrollRow = 6
  ActiveWindow.ScrollRow = 5
  ActiveWindow.ScrollRow = 4
  ActiveWindow.ScrollRow = 3
  ActiveWindow.ScrollRow = 2
  ActiveWindow.ScrollRow = 1
  Range("T8").Select
  ActiveCell.FormulaR1C1 = "=SUM(R[4]C[2]:R[65528]C[2])"
  Range("T9").Select
  ActiveWindow.ScrollRow = 8
  ActiveWindow.ScrollRow = 7
  ActiveWindow.ScrollRow = 6
  ActiveWindow.ScrollRow = 5
  ActiveWindow.ScrollRow = 4
  ActiveWindow.ScrollRow = 3
  ActiveWindow.ScrollRow = 2
  ActiveWindow.ScrollRow = 1
  Range("V8").Select
  ActiveCell.FormulaR1C1 = "=SUM(R[4]C[1]:R[65528]C[1])"
  Range("V9").Select
  ActiveWindow.ScrollRow = 8
  ActiveWindow.ScrollRow = 7
  ActiveWindow.ScrollRow = 6
  ActiveWindow.ScrollRow = 5
  ActiveWindow.ScrollRow = 4
  ActiveWindow.ScrollRow = 3
ActiveWindow.ScrollRow = 2
  ActiveWindow.ScrollRow = 1
  Range("W4").Select
  ActiveCell.FormulaR1C1 = "=COUNTA(R[8]C:R[65532]C)"
Range("W5").Select

End Sub
```

ComboBox "RFC"

Este control se cargará mediante la inicialización del formulario, y desplegará una lista con todos los RFC capturados en la base de datos de clientes, con las siguientes propiedades:

Propiedad	Valor	Propiedad	Valor
Name	RFC	Value	
Position – Height	18	Position – Left	66
Position – Top	12	Position – Width	102

Al seleccionar un registro de la lista se deberá actualizar el nombre del cliente en el control "CLIENTE" que corresponda al RFC capturado, por lo que se deberá capturar el siguiente código en el editor de programación:

```
Private Sub RFC_Change()

Dim RFC_1, COMPARA_RFC, DOMICILIO, CIUDAD As String
Dim NCLIENTES, CONT As Double

RFC_1 = Me.RFC.Value

NCLIENTES = Worksheets("CLIENTES").Cells(4, 2)

For CONT = 1 To NCLIENTES
   COMPARA_RFC = Worksheets("CLIENTES").Cells(5 + CONT, 2)
   If RFC_1 = COMPARA_RFC Then
      Me.CLIENTE.Value = Worksheets("CLIENTES").Cells(5 + CONT, 3)
      DOMICILIO = Worksheets("CLIENTES").Cells(5 + CONT, 6) & " " & Worksheets("CLIENTES").Cells(5 + CONT,
7) & " E/ " & _
      Worksheets("CLIENTES").Cells(5 + CONT, 8) & " Col. " & Worksheets("CLIENTES").Cells(5 + CONT, 9)
      CIUDAD = Worksheets("CLIENTES").Cells(5 + CONT, 10) & ", " & Worksheets("CLIENTES").Cells(5 + CONT,
13)
      Worksheets("PRINCIPAL").Cells(4, 20) = Me.RFC.Value
      Worksheets("PRINCIPAL").Cells(4, 4) = Me.CLIENTE.Value
      Worksheets("PRINCIPAL").Cells(6, 4) = DOMICILIO
      Worksheets("PRINCIPAL").Cells(6, 20) = CIUDAD
      Me.POSCLIENTE.Caption = CONT + 5
      CONT = NCLIENTES
   End If
Next CONT
End Sub
```

ComboBox "CLIENTE"

Este control se cargará mediante la inicialización del formulario, y desplegará una lista con todos los nombres de clientes capturados en la base de datos de clientes, con las siguientes propiedades:

Propiedad	Valor	Propiedad	Valor
Name	CLIENTE	Value	
Position – Height	18	Position – Left	222
Position – Top	12	Position – Width	300

Al seleccionar un registro de la lista se deberá actualizar el RFC del cliente en el control "RFC" que corresponda al nombre del cliente capturado, por lo que se deberá capturar el siguiente código en el editor de programación:

```
Private Sub CLIENTE_Change()

Dim CLIENTE_1, COMPARA_C, DOMICILIO, CIUDAD As String
Dim NCLIENTES, CONT As Double

CLIENTE_1 = Me.CLIENTE.Value

NCLIENTES = Worksheets("CLIENTES").Cells(4, 2)

For CONT = 1 To NCLIENTES
    COMPARA_C = Worksheets("CLIENTES").Cells(5 + CONT, 3)
    If CLIENTE_1 = COMPARA_C Then
        Me.RFC.Value = Worksheets("CLIENTES").Cells(5 + CONT, 2)
        DOMICILIO = Worksheets("CLIENTES").Cells(5 + CONT, 6) & " " & Worksheets("CLIENTES").Cells(5 + CONT,
7) & " E/ " & Worksheets("CLIENTES").Cells(5 + CONT, 8) & " Col. " & Worksheets("CLIENTES").Cells(5 + CONT,
9)
        CIUDAD = Worksheets("CLIENTES").Cells(5 + CONT, 10) & ", " & Worksheets("CLIENTES").Cells(5 + CONT,
13)
        Worksheets("PRINCIPAL").Cells(4, 20) = Me.RFC.Value
        Worksheets("PRINCIPAL").Cells(4, 4) = Me.CLIENTE.Value
        Worksheets("PRINCIPAL").Cells(6, 4) = DOMICILIO
        Worksheets("PRINCIPAL").Cells(6, 20) = CIUDAD
        Me.POSCLIENTE.Caption = CONT + 5
        CONT = NCLIENTES
End If
Next CONT
End Sub
```

TextBox "OBSERVACIONES"

Este control de texto se capturarán las observaciones que el cliente desee hacer por la factura emitida, la configuración de las propiedades del control son las siguientes:

Propiedad	Valor	Propiedad	Valor
Name	OBSERVACIONES	Value	
Position – Height	18	Position – Left	222
Position – Top	12	Position – Width	300

El contenido de este control se grabará en la hoja de trabajo "PRINCIPAL" por lo que capturamos el siguiente código:

```
Private Sub OBSERVACIONES_Change()

Worksheets("PRINCIPAL").Cells(10, 19) = Me.OBSERVACIONES.Value

End Sub
```

OptionButton "contado"

Este control servirá para que el usuario seleccione si la factura o nota de venta será de crédito o al contado, si se selecciona el control se registrará en la hoja de trabajo que la factura será al contado, si se selecciona el control "crédito" registrará en la hoja de trabajo que la factura será a crédito, las propiedades a configurar serán las siguientes:

Propiedad	Valor	Propiedad	Valor
Name	Contado	Value	True
Position – Height	18	Position – Left	6
Position – Top	6	Position – Width	59.25

El código del control es el siguiente:

```
Private Sub contado_Change()

If Me.contado.Value = True Then
    Worksheets("PRINCIPAL").Cells(8, 2) = "CONTADO"
Else
    Worksheets("PRINCIPAL").Cells(8, 2) = "CREDITO"
End If

End Sub
```

OptionButton "crédito"
Este Botón de opción es para que el usuario seleccione si la factura será a crédito. Las propiedades del control serán las siguientes:

Propiedad	Valor	Propiedad	Valor
Name	credito	Value	False
Position – Height	18	Position – Left	78
Position – Top	6	Position – Width	54.75

OptionButton "FACTURAX"
Este control servirá para que el usuario seleccione si el documento a emitir será una factura, en caso de que seleccione ésta opción, se actualizará el número de folio que corresponde a facturas. Tendrá las siguientes propiedades:

Propiedad	Valor	Propiedad	Valor
Name	FACTURAX	Value	True
Position – Height	15	Position – Left	6
Position – Top	6	Position – Width	36

El código del control es el siguiente:

```
Private Sub FACTURAX_Click()

If Me.FACTURAX.Value = True Then
  Me.FOLIOFACTURA.Caption = Worksheets("DATOS EMPRESA").Cells(4, 2) + 1
  Worksheets("PRINCIPAL").Cells(6, 23) = Me.FOLIOFACTURA.Caption
End If

End Sub
```

OptionButton "NOTAVTA"

Este control servirá para que el usuario seleccione si el documento a emitir será una nota de venta, en caso de que seleccione ésta opción, se actualizará el número de folio que corresponde a notas de venta. Tendrá las siguientes propiedades:

Propiedad	Valor	Propiedad	Valor
Name	NOTAVTA	Value	False
Position – Height	13.5	Position – Left	48
Position – Top	6	Position – Width	42.75

El código del control es el siguiente:

```
Private Sub NOTAVTA_Click()

If Me.NOTAVTA.Value = True Then
  Me.FOLIOFACTURA.Caption = Worksheets("DATOS EMPRESA").Cells(5, 2) + 1
  Worksheets("PRINCIPAL").Cells(6, 23) = Me.FOLIOFACTURA.Caption
End If

End Sub
```

Label "POSCLIENTE"

Etiqueta que contendrá el número de renglón donde se encuentran los datos del cliente seleccionado en la base de datos, por lo que nos ayudará a no tener que volver a realizar búsqueda de registros. La configuración de las propiedades son las siguientes:

Propiedad	Valor	Propiedad	Valor
Name	POSCLIENTE	Caption	
Position – Height	12	Position – Left	504
Position – Top	66	Position – Width	18

Label "FOLIOFACTURA"

Etiqueta que contendrá el folio de la factura o nota de venta del documento a emitir. Las propiedades del control son las siguientes:

Propiedad	Valor	Propiedad	Valor
Name	FOLIOFACTURA	Caption	
Position – Height	12	Position – Left	78
Position – Top	96	Position – Width	60

CommandButton1 "AGREGAR CARGO"

Este botón de comando abrirá un formulario para seleccionar el(los) producto(s) que se registrarán en la factura o nota de venta, el código del botón es el siguiente:

```
Private Sub CommandButton1_Click()

  ADDCARGO1.Show

End Sub
```

El formulario que desplegará será el siguiente y será explicado una vez se hayan explicado los controles del presente formulario:

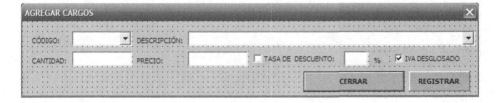

CommandButton2 "ELIMINAR CARGO"

Este botón de comando servirá para eliminar un concepto ya sea un producto o un servicio seleccionado que no se quiera facturar, y desplegará un formulario para tal fin. El código del botón es el siguiente:

```
Private Sub CommandButton2_Click()

DELCONCEPTO.Show

End Sub
```

Se desplegará el siguiente formulario:

CommandButton3

Este botón de comando cerrará el formulario y concluirá la ejecución de la macro, el código del botón es el siguiente:

```
Private Sub CommandButton4_Click()

Me.Hide
Cells(4, 4) = ""
Cells(4, 20) = ""
Cells(4, 23) = ""
Cells(6, 4) = ""
Cells(6, 20) = ""
Cells(6, 23) = ""
Cells(8, 2) = ""
Cells(8, 13) = ""
Cells(8, 18) = ""
Cells(8, 20) = ""
Cells(8, 22) = ""
Cells(10, 19) = ""
Cells(10, 22) = ""

 Rows("12:12").Select
 Range(Selection, Selection.End(xlDown)).Select
Selection.Delete Shift:=xlUp

End
End Sub
```

CommandButton4 "GRABAR Y CERRAR"

Este botón graba los datos de la factura o nota de venta en las diferentes bases de datos, así como, registra en la hoja de impresión los datos para que se pueda mandar a imprimir el documento, al terminar la ejecución del sub proceso finaliza la macro y cierra el formulario. El código de este botón es el siguiente:

```
Private Sub CommandButton5_Click()

Dim REGISTROSF, REGS_BD, REGSMOV, CONTF, IMPORTETOTAL1, REGSINDX, REGSNVTA, REGSCOB As Double
Dim TIPODOCTO As String

REGISTROSF = Worksheets("PRINCIPAL").Cells(4, 23)
REGS_BD = Worksheets("REGISTROS").Cells(4, 2)
REGSMOV = Worksheets("SALIDAS").Cells(3, 3)
REGSINDX = Worksheets("INDX").Cells(2, 2)
REGSNVTA = Worksheets("NOTAVTA").Cells(4, 2)
REGSCOB = Worksheets("SALDOS").Cells(3, 2)

If Me.FACTURAX.Value = True Then
    Worksheets("REGISTROS").Cells(6 + REGS_BD, 1) = Worksheets("PRINCIPAL").Cells(6, 23)
    Worksheets("REGISTROS").Cells(6 + REGS_BD, 2) = Worksheets("PRINCIPAL").Cells(3, 23)
    Worksheets("REGISTROS").Cells(6 + REGS_BD, 3) = Me.RFC.Value
    Worksheets("REGISTROS").Cells(6 + REGS_BD, 4) = Me.CLIENTE.Value
    Worksheets("REGISTROS").Cells(6 + REGS_BD, 5) = Worksheets("PRINCIPAL").Cells(8, 7)
    Worksheets("REGISTROS").Cells(6 + REGS_BD, 6) = Worksheets("PRINCIPAL").Cells(8, 13)
    Worksheets("REGISTROS").Cells(6 + REGS_BD, 7) = Worksheets("PRINCIPAL").Cells(8, 18)
    Worksheets("REGISTROS").Cells(6 + REGS_BD, 8) = Worksheets("PRINCIPAL").Cells(8, 20)
    Worksheets("REGISTROS").Cells(6 + REGS_BD, 9) = Worksheets("PRINCIPAL").Cells(8, 22)
    Worksheets("REGISTROS").Cells(6 + REGS_BD, 10) = Worksheets("PRINCIPAL").Cells(8, 2)
    Worksheets("REGISTROS").Cells(6 + REGS_BD, 11) = Worksheets("PRINCIPAL").Cells(10, 19)
End If
If Me.NOTAVTA.Value = True Then
    Worksheets("NOTAVTA").Cells(6 + REGSNVTA, 1) = Worksheets("PRINCIPAL").Cells(6, 23)
    Worksheets("NOTAVTA").Cells(6 + REGSNVTA, 2) = Worksheets("PRINCIPAL").Cells(3, 23)
    Worksheets("NOTAVTA").Cells(6 + REGSNVTA, 3) = Me.POSCLIENTE.Caption - 5
    Worksheets("NOTAVTA").Cells(6 + REGSNVTA, 4) = Me.CLIENTE.Value
    Worksheets("NOTAVTA").Cells(6 + REGSNVTA, 5) = Worksheets("PRINCIPAL").Cells(8, 7)
    Worksheets("NOTAVTA").Cells(6 + REGSNVTA, 6) = Worksheets("PRINCIPAL").Cells(8, 13)
    Worksheets("NOTAVTA").Cells(6 + REGSNVTA, 7) = Worksheets("PRINCIPAL").Cells(8, 18)
    Worksheets("NOTAVTA").Cells(6 + REGSNVTA, 8) = Worksheets("PRINCIPAL").Cells(8, 20)
    Worksheets("NOTAVTA").Cells(6 + REGSNVTA, 9) = Worksheets("PRINCIPAL").Cells(8, 22)
    Worksheets("NOTAVTA").Cells(6 + REGSNVTA, 10) = Worksheets("PRINCIPAL").Cells(8, 2)
    Worksheets("NOTAVTA").Cells(6 + REGSNVTA, 11) = Worksheets("PRINCIPAL").Cells(10, 19)
End If


IMPORTETOTAL1 = Worksheets("PRINCIPAL").Cells(8, 22)
Worksheets("PRINCIPAL").Cells(10, 22) = letras1(IMPORTETOTAL1)   '**************FUNCION  CONVIERTE
NÚMEROS A LETRAS

For CONTF = 1 To REGISTROSF

    REGSMOV = Worksheets("SALIDAS").Cells(3, 3)
    Worksheets("SALIDAS").Cells(6 + REGSMOV, 1) = REGSMOV + 1
    Worksheets("SALIDAS").Cells(6 + REGSMOV, 2) = Worksheets("PRINCIPAL").Cells(6, 23)
    Worksheets("SALIDAS").Cells(6 + REGSMOV, 3) = Worksheets("PRINCIPAL").Cells(3, 23)
    If Me.FACTURAX.Value = True Then
        Worksheets("SALIDAS").Cells(6 + REGSMOV, 4) = Me.RFC.Value
        Worksheets("SALIDAS").Cells(6 + REGSMOV, 14) = "FACTURA"
    Else
        Worksheets("SALIDAS").Cells(6 + REGSMOV, 4) = Me.POSCLIENTE.Caption - 5
Worksheets("SALIDAS").Cells(6 + REGSMOV, 14) = "NOTA DE VENTA"
End If
    Worksheets("SALIDAS").Cells(6 + REGSMOV, 5) = Me.CLIENTE.Value
    Worksheets("SALIDAS").Cells(6 + REGSMOV, 6) = Worksheets("PRINCIPAL").Cells(11 + CONTF, 5)
    Worksheets("SALIDAS").Cells(6 + REGSMOV, 7) = Worksheets("PRINCIPAL").Cells(11 + CONTF, 17)
    Worksheets("SALIDAS").Cells(6 + REGSMOV, 8) = Worksheets("PRINCIPAL").Cells(11 + CONTF, 18)
    Worksheets("SALIDAS").Cells(6 + REGSMOV, 9) = Worksheets("PRINCIPAL").Cells(11 + CONTF, 19)
    Worksheets("SALIDAS").Cells(6 + REGSMOV, 10) = Worksheets("PRINCIPAL").Cells(11 + CONTF, 20)
    Worksheets("SALIDAS").Cells(6 + REGSMOV, 11) = Worksheets("PRINCIPAL").Cells(11 + CONTF, 22)
    Worksheets("SALIDAS").Cells(6 + REGSMOV, 12) = Worksheets("PRINCIPAL").Cells(11 + CONTF, 23)
    Worksheets("SALIDAS").Cells(6 + REGSMOV, 13) = Worksheets("PRINCIPAL").Cells(11 + CONTF, 14)
```

```
   If CONTF = 1 Then
      Worksheets("INDX").Cells(6 + REGSINDX, 5) = 6 + REGSMOV
   End If

   If Me.FACTURAX.Value = True Then
      Worksheets("IMPRESION").Cells(11 + CONTF, 1) = Worksheets("PRINCIPAL").Cells(11 + CONTF, 17)
      Worksheets("IMPRESION").Cells(11 + CONTF, 2) = Worksheets("PRINCIPAL").Cells(11 + CONTF, 5)
      Worksheets("IMPRESION").Cells(11 + CONTF, 8) = Worksheets("PRINCIPAL").Cells(11 + CONTF, 18)
      Worksheets("IMPRESION").Cells(11 + CONTF, 9) = Worksheets("PRINCIPAL").Cells(11 + CONTF, 20)
   Else
      Worksheets("IMP NV").Cells(10 + CONTF, 4) = Worksheets("PRINCIPAL").Cells(11 + CONTF, 17)
      Worksheets("IMP NV").Cells(10 + CONTF, 5) = Worksheets("PRINCIPAL").Cells(11 + CONTF, 5)
      Worksheets("IMP NV").Cells(10 + CONTF, 7) = Worksheets("PRINCIPAL").Cells(11 + CONTF, 18) * (1 +
(Worksheets("PRINCIPAL").Cells(11 + CONTF, 21) / 100))
      Worksheets("IMP NV").Cells(10 + CONTF, 8) = Worksheets("PRINCIPAL").Cells(11 + CONTF, 20) * (1 +
(Worksheets("PRINCIPAL").Cells(11 + CONTF, 21) / 100))
   End If

Next CONTF

   If Me.FACTURAX.Value = True Then
      Worksheets("DATOS EMPRESA").Cells(4, 2) = Worksheets("PRINCIPAL").Cells(6, 23)
   Else
      Worksheets("DATOS EMPRESA").Cells(5, 2) = Worksheets("PRINCIPAL").Cells(6, 23)
   End If
   Worksheets("INDX").Cells(6 + REGSINDX, 1) = REGSINDX + 1
   Worksheets("INDX").Cells(6 + REGSINDX, 2) = Worksheets("PRINCIPAL").Cells(6, 23)
   If Me.FACTURAX.Value = True Then
      Worksheets("INDX").Cells(6 + REGSINDX, 3) = 6 + REGS_BD
   Else
      Worksheets("INDX").Cells(6 + REGSINDX, 3) = 6 + REGSNVTA
   End If
   Worksheets("INDX").Cells(6 + REGSINDX, 4) = REGISTROSF
   If Worksheets("PRINCIPAL").Cells(8, 2) = "CONTADO" Then
      Worksheets("INDX").Cells(6 + REGSINDX, 7) = 0
   Else
      Worksheets("INDX").Cells(6 + REGSINDX, 7) = 1
   End If
   If Me.FACTURAX.Value = True Then
      Worksheets("INDX").Cells(6 + REGSINDX, 9) = "FC"
      TIPODOCTO = "FC"
   Else
      Worksheets("INDX").Cells(6 + REGSINDX, 9) = "NV"
      TIPODOCTO = "NV"
   End If
   Worksheets("INDX").Cells(6 + REGSINDX, 8) = Me.POSCLIENTE.Caption

   If Me.credito.Value = True Then
      Worksheets("SALDOS").Cells(5 + REGSCOB, 1) = REGSCOB + 1
      Worksheets("SALDOS").Cells(5 + REGSCOB, 2) = Worksheets("PRINCIPAL").Cells(6, 23) 'NUM FACT O NTA
      Worksheets("SALDOS").Cells(5 + REGSCOB, 3) = Worksheets("PRINCIPAL").Cells(3, 23) 'FECHA
      Worksheets("SALDOS").Cells(5 + REGSCOB, 4) = Me.POSCLIENTE.Caption - 5 'NUM CLIENTE
Worksheets("SALDOS").Cells(5 + REGSCOB, 5) = "C" 'MOVIMIENTO CARGO=C O ABONO=A
Worksheets("SALDOS").Cells(5 + REGSCOB, 6) = TIPODOCTO 'TIPO FACT=FC O NOTA VTA=NV
      Worksheets("SALDOS").Cells(5 + REGSCOB, 7) = Worksheets("PRINCIPAL").Cells(8, 22) 'IMPORTE
      Worksheets("SALDOS").Cells(5 + REGSCOB, 8) = 1 ' STATUS  NO PAGADO=1
      Worksheets("SALDOS").Cells(5 + REGSCOB, 9) = Worksheets("PRINCIPAL").Cells(10, 19) 'OBSERVACIONES
Worksheets("INDX").Cells(6 + REGSINDX, 10) = REGSCOB + 5 'GRABA EN HOJA "INDX" LA POSICION DEL
REGISTRO DE LA HOJA SALDOS
   End If


   Me.Hide
   End

   End Sub
```

FORMULARIO "AGREGAR CARGO"

Este formulario se ejecuta desde el formulario "FACTURA" y sirve para agregar conceptos a facturar, el nombre del formulario es "ADDCARGO1" los controles que lo conforman son los siguientes:

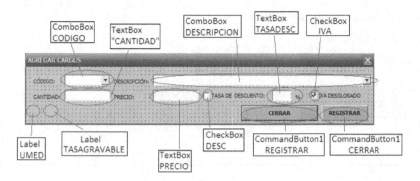

El formulario "ADDCARGO1" contiene 2 controles de cuadro combinado de lista, por lo que deben de cargarse los registros de la base de datos que contienen los productos, en el subproceso de inicialización del formulario, el código del formulario es el siguiente:

```
Private Sub UserForm_Initialize()

Dim REGISTROS, CONTR, CTRL_ARTSF As Double

REGISTROS = Worksheets("PRODUCTOS").Cells(4, 3)

For CONTR = 1 To REGISTROS
   Me.CODIGO.AddItem Worksheets("PRODUCTOS").Cells(5 + CONTR, 2)
   Me.DESCRIPCION.AddItem Worksheets("PRODUCTOS").Cells(5 + CONTR, 3) & ", " & Worksheets("PRODUCTOS").Cells(5 + CONTR, 4)
Next CONTR

End Sub
```

ComboBox "CODIGO"

El cuadro de lista combinado desplegará los códigos de los productos o servicios de la base de datos de "PRODUCTOS", al seleccionar un registro, se actualizará el valor del control de cuadro combinado de lista "DESCRIPCIÓN", las propiedades de éste control son las siguientes:

Propiedad	Valor	Propiedad	Valor
Name	CODIGO	Value/Caption	
Position – Height	18	Position – Left	60
Position – Top	12	Position – Width	72

El código del control es el siguiente:

```
Private Sub CODIGO_Change()

Dim REGISTROS, CONTR As Double
Dim CODIGO1 As String

REGISTROS = Worksheets("PRODUCTOS").Cells(4, 3)

For CONTR = 1 To REGISTROS
    CODIGO1 = Worksheets("PRODUCTOS").Cells(5 + CONTR, 2)
    If CODIGO1 = Me.CODIGO.Value Then
    Me.DESCRIPCION.Value = Worksheets("PRODUCTOS").Cells(5 + CONTR, 3) & ", " & Worksheets("PRODUCTOS").
Cells(5 + CONTR, 4)
        Me.PRECIO.Value = Worksheets("PRODUCTOS").Cells(5 + CONTR, 7)
        Me.UMED.Caption = Worksheets("PRODUCTOS").Cells(5 + CONTR, 6)
        Me.TASAGRAVABLE.Caption = Worksheets("PRODUCTOS").Cells(5 + CONTR, 5)
End If
Next CONTR

End Sub
```

ComboBox "DESCRIPCIÓN"

Este control despliega los nombres o descripción de los productos y/o servicios de la base de datos "PRODUCTOS", al seleccionar un registro se actualiza el control "CODIGO" que corresponda. Las propiedades del control son las siguientes:

Propiedad	Valor	Propiedad	Valor
Name	DESCRIPCION	Value/Caption	
Position – Height	18	Position – Left	198
Position – Top	12	Position – Width	342

El código del control es el siguiente:

```
Private Sub DESCRIPCION_Change()

Dim REGISTROS, CONTR As Double
Dim CODIGO1 As String

REGISTROS = Worksheets("PRODUCTOS").Cells(4, 3)

For CONTR = 1 To REGISTROS
    CODIGO1 = Worksheets("PRODUCTOS").Cells(5 + CONTR, 3) & ", " & Worksheets("PRODUCTOS").Cells(5
+ CONTR, 4)
    If CODIGO1 = Me.DESCRIPCION.Value Then
        Me.CODIGO.Value = Worksheets("PRODUCTOS").Cells(5 + CONTR, 2)
        Me.PRECIO.Value = Worksheets("PRODUCTOS").Cells(5 + CONTR, 7)
        Me.UMED.Caption = Worksheets("PRODUCTOS").Cells(5 + CONTR, 6)
        Me.TASAGRAVABLE.Caption = Worksheets("PRODUCTOS").Cells(5 + CONTR, 5)
End If
Next CONTR

End Sub
```

TextBox "CANTIDAD".
En el control se captura el número de productos o servicios a facturar, las propiedades del control son las siguientes:

Propiedad	Valor	Propiedad	Valor
Name	CANTIDAD	Value/Caption	
Position – Height	18	Position – Left	60
Position – Top	36	Position – Width	72

TextBox "PRECIO"
En el control se registra el precio del producto o servicio, cuando se selecciona en el formulario el código o descripción del producto, automáticamente se llena éste control con el dato que se encuentra registrado en la base de datos, si el usuario desea modificar el registro lo puede realizar desde el control. Las propiedades del control son las siguientes:

Propiedad	Valor	Propiedad	Valor
Name	PRECIO	Value/Caption	
Position – Height	18	Position – Left	198
Position – Top	36	Position – Width	72

TextBox "TASADESC"
Control que permite al usuario capturar en número entero la tasa de descuento, en caso de que así lo requiera. Las propiedades del control son las siguientes:

Propiedad	Valor	Propiedad	Valor
Name	TASADESC	Value/Caption	
Position – Height	18	Position – Left	384
Position – Top	36	Position – Width	30

CheckBox "DESC"
Control de casilla de verificación, solo en caso de que esté seleccionada reconocerá el valor del control "TASADESC" para aplicar el descuento sobre el producto seleccionado. La configuración de las propiedades son las siguientes:

Propiedad	Valor	Propiedad	Valor
Name	DESC	Value	True
Caption	TASA DE DESCUENTO:		
Position – Height	18	Position – Left	276
Position – Top	36	Position – Width	102.75

CheckBox "IVA"
Control de casilla de verificación, en caso de estar seleccionada desglosa el IVA del producto seleccionado, de lo contrario lo incluye pero no lo desglosa. Las propiedades del control son las siguientes:

Propiedad	Valor	Propiedad	Valor
Name	IVA	Caption	IVA DESGLOSADO
Value	True		
Position – Height	18	Position – Left	444
Position – Top	36	Position – Width	84.75

Label "UMED"
Etiqueta que guarda la unidad de medida del producto que tiene registrada en la base de datos, se actualiza el valor automáticamente cuando se selecciona el producto o servicio al seleccionar el código o la descripción del producto. Las propiedades de la etiqueta son las siguientes:

Propiedad	Valor	Propiedad	Valor
Name	UMED	Caption	
Position – Height	12	Position – Left	12
Position – Top	66	Position – Width	12

Label "TASAGRAVABLE"
Etiqueta que guarda la tasa gravable aplicable del producto según su registro en la base de datos, se actualiza automáticamente cuando se selecciona el código o descripción del producto. Las propiedades de la etiqueta son las siguientes:

Propiedad	Valor	Propiedad	Valor
Name	TASAGRAVABLE	Caption	
Position – Height	12	Position – Left	36
Position – Top	66	Position – Width	12

CommandButton1 "REGISTRAR"

Botón de comando que registra el producto o servicio seleccionado. Las propiedades del control son las siguientes:

Propiedad	Valor	Propiedad	Valor
Name	REGISTRAR	Caption	REGISTRAR
Position – Height	24	Position – Left	462
Position – Top	60	Position – Width	72

El código del botón de comando es el siguiente:

```
Private Sub CommandButton1_Click()

Dim REGSFACT, DESCUENTO1, SUBTOTAL1, LIMARTS, LIMARTSF, LIMARTSNV As Double
Dim DESCAPLIC As Variant

REGSFACT = Worksheets("PRINCIPAL").Cells(4, 23)
DESCAPLIC = Me.TASADESC.Value
LIMARTS = Worksheets("PRINCIPAL").Cells(4, 23)
If FACTURA.FACTURAX.Value = True Then
    LIMARTSF = Worksheets("DATOS EMPRESA").Cells(6, 2)
Else
    LIMARTSF = Worksheets("DATOS EMPRESA").Cells(7, 2)
End If


If LIMARTS < LIMARTSF Then    '************

Worksheets("PRINCIPAL").Cells(12 + REGSFACT, 1) = REGSFACT + 1
Worksheets("PRINCIPAL").Cells(12 + REGSFACT, 2) = Me.CODIGO.Value
Worksheets("PRINCIPAL").Cells(12 + REGSFACT, 5) = Me.DESCRIPCION.Value
Worksheets("PRINCIPAL").Cells(12 + REGSFACT, 17) = Me.CANTIDAD.Value
Worksheets("PRINCIPAL").Cells(12 + REGSFACT, 18) = Me.PRECIO.Value
Worksheets("PRINCIPAL").Cells(12 + REGSFACT, 14) = Me.UMED.Caption
Worksheets("PRINCIPAL").Cells(12 + REGSFACT, 21) = Me.TASAGRAVABLE.Caption

If Me.DESC.Value = True And IsNumeric(DESCAPLIC) = True Then
DESCUENTO1 = Me.PRECIO.Value * Me.CANTIDAD.Value * (DESCAPLIC / 100)
Worksheets("PRINCIPAL").Cells(12 + REGSFACT, 19) = DESCUENTO1
    SUBTOTAL1 = Me.PRECIO.Value * Me.CANTIDAD.Value - DESCUENTO1
    Worksheets("PRINCIPAL").Cells(12 + REGSFACT, 20) = SUBTOTAL1
    Worksheets("PRINCIPAL").Cells(12 + REGSFACT, 22) = SUBTOTAL1 * Me.TASAGRAVABLE.Caption / 100
    Worksheets("PRINCIPAL").Cells(12 + REGSFACT, 23) = SUBTOTAL1 * (1 + Me.TASAGRAVABLE.Caption / 100)
Else
    SUBTOTAL1 = Me.PRECIO.Value * Me.CANTIDAD.Value
    Worksheets("PRINCIPAL").Cells(12 + REGSFACT, 20) = SUBTOTAL1
    Worksheets("PRINCIPAL").Cells(12 + REGSFACT, 22) = SUBTOTAL1 * Me.TASAGRAVABLE.Caption / 100
    Worksheets("PRINCIPAL").Cells(12 + REGSFACT, 23) = SUBTOTAL1 * (1 + Me.TASAGRAVABLE.Caption / 100)

End If

Else '***************

    ERRORNO.MENSAJE.Caption = "LIMITE DE ARTICULOS REBASADO"
ERRORNO.Show

End If '**************


End Sub
```

CommandButton2 "CERRAR"
Botón de comando que cierra el formulario. Las propiedades son las siguientes:

Propiedad	Valor	Propiedad	Valor
Name	CERRAR	Value/Caption	CERRAR
Position – Height	24	Position – Left	335
Position – Top	60	Position – Width	120

El código del botón de comando es el siguiente:

```
Private Sub CommandButton2_Click()

    Me.Hide

End Sub
```

FORMULARIO "DELCONCEPTO"
Este formulario permite eliminar conceptos que se hayan incluido en la factura pero que se deseen eliminar, siempre y cuando no se haya registrado la factura, caso en que deberá ser cancelada toda la factura. Los controles de la factura son los siguientes:

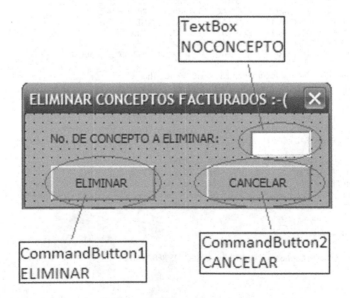

TextBox NOCONCEPTO
Indica el número de registro a eliminar del producto o servicio facturado.
Las propiedades del control son las siguientes:

Propiedad	Valor	Propiedad	Valor
Name	PRECIO	Value	
Position – Height	18	Position – Left	198
Position – Top	36	Position – Width	72

CommandButton1 ELIMINAR
Ejecuta la eliminación del concepto incluido en la facturación, previo a su
registro. Las propiedades de éste control son las siguientes:

Propiedad	Valor	Propiedad	Valor
Name	ELIMINAR	Caption	ELIMINAR
Position – Height	24	Position – Left	18
Position – Top	36	Position – Width	72

El código del control es el siguiente:

```
Private Sub CommandButton1_Click()

Dim NUMERO As Variant
Dim REGSFAC, CONTF As Double

NUMERO = Me.NOCONCEPTO.Value
REGSFAC = Worksheets("PRINCIPAL").Cells(4, 23)

If IsNumeric(NUMERO) = True Then
  If CDbl(NUMERO) <= REGSFAC And CDbl(NUMERO) > 0.5 Then
    Cells(11 + CDbl(NUMERO), 1).Select
    Selection.EntireRow.Delete
    REGSFAC = Worksheets("PRINCIPAL").Cells(4, 23)
    If REGSFAC > 0.5 Then
      For CONTF = 1 To REGSFAC
        Worksheets("PRINCIPAL").Cells(11 + CONTF, 1) = CONTF
        Worksheets("PRINCIPAL").Cells(12 + CONTF, 1) = ""
      Next CONTF
    End If
  Else
    ERRORNO.Show
  End If
Else
  ERRORNO.Show
End If

End Sub
```

En caso de que el número capturado en el control de cuadro de texto se desplegará un formulario de mensaje de error siguiente:

El formulario se llama ERRORNO, el botón de comando servirá para cerrar el formulario de advertencia y continuar con el formulario de "eliminar concepto", el código del botón de comando es el siguiente:

```
Private Sub CommandButton1_Click()
  Me.Hide
End Sub
```

CommandButton2 CANCELAR
El botón de comando cierra el formulario. Las propiedades son las siguientes:

Propiedad	Valor	Propiedad	Valor
Name	CANCELAR	Caption	CANCELAR
Position – Height	24	Position – Left	126
Position – Top	36	Position – Width	72

El código de éste control es el siguiente:

```
Private Sub CommandButton2_Click()

  Me.Hide

End Sub
```

Consulta de facturas/notas de venta emitidas:
Este formulario permitirá al usuario el reconstruir una factura emitida, ya sea para reimpresión o para revisión de conceptos facturados. Se activará desde la hoja principal del archivo, con el botón de comando llamado "CONSULTA":

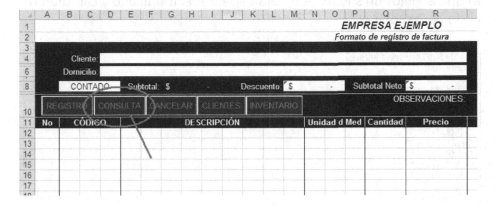

El código del botón de comando para visualizar el formulario llamado "CONSULTA" es el siguiente:

```
Private Sub consultas_Click()
CONSULTA.Show
End Sub
```

Al hacer clic sobre el botón desplegará el siguiente formulario:

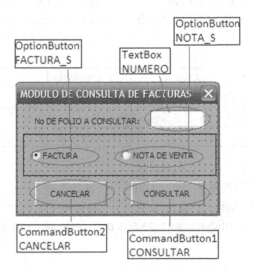

Para iniciar la consulta es preciso que las hojas de trabajo "PRINCIPAL" y de "IMPRESIÓN" estén limpias, sin datos de otros documentos, por lo que es preciso que realicemos una rutina donde independientemente si hay datos o no, se limpien los campos que deben de estar sin datos, por lo que abrimos un subproceso para inicializar el formulario y capturamos el siguiente código:

```
Private Sub UserForm_Initialize()
Cells(4, 4) = ""
Cells(4, 20) = ""
Cells(4, 23) = ""
Cells(6, 4) = ""
Cells(6, 20) = ""
Cells(6, 23) = ""
Cells(8, 2) = ""
Cells(8, 13) = ""
Cells(8, 18) = ""
Cells(8, 20) = ""
Cells(8, 22) = ""
Cells(10, 19) = ""
Cells(10, 22) = ""

 Rows("12:12").Select
 Range(Selection, Selection.End(xlDown)).Select
 Selection.Delete Shift:=xlUp

End Sub
```

Los controles que lo conforman el formulario "CONSULTA" se exponen a continuación:

TextBox NUMERO
En este control de texto se capturará el número de folio de la factura o nota de venta a consultar, la configuración de sus propiedades son las siguientes:

Propiedad	Valor	Propiedad	Valor
Name	NUMERO	Value	
Position – Height	18	Position – Left	132
Position – Top	6	Position – Width	54

OptionButton FACTURA_S
El botón de opción servirá para que el usuario seleccione si el documento es una factura, la configuración de sus propiedades son las siguientes:

Propiedad	Valor	Propiedad	Valor
Name	FACTURA_S	Value	
Position – Height	18	Position – Left	6
Position – Top	12	Position – Width	74.25

OptionButton NOTA_S

El botón de opción servirá para que el usuario seleccione si el documento es una nota de venta, la configuración de sus propiedades son las siguientes:

Propiedad	Valor	Propiedad	Valor
Name	NOTA_S	Value	
Position – Height	18	Position – Left	96
Position – Top	12	Position – Width	90.75

CommandButton2 CONSULTAR

Ejecutará la macro que llenará las hojas de trabajo principal y de impresión con el documento seleccionado, la configuración de las propiedades es el siguiente:

Propiedad	Valor	Propiedad	Valor
Name	CommandButton2	Caption	CONSULTAR
Position – Height	24	Position – Left	114
Position – Top	78	Position – Width	72

El código que ejecuta el botón de comando es el siguiente:

```
Private Sub CommandButton2_Click()

Dim REGSINDX, CONTINDX As Double
Dim POS1, MOVS, POSMOV1, POSCLIENT, CONTMOVS As Long
Dim CANCELAD, TOPER As Byte
Dim NUMCONSUL, DOCTO As String
Dim VALIDAR As Boolean

NUMCONSUL = Me.NUMERO.Value
REGSINDX = Worksheets("INDX").Cells(2, 2)

If Me.FACTURA_S.Value = True Then
    DOCTO = "FC"
Else
    DOCTO = "NV"
End If

If IsNumeric(NUMCONSUL) = True Then
    For CONTINDX = 1 To REGSINDX

        If CDbl(NUMCONSUL) = Worksheets("INDX").Cells(5 + CONTINDX, 2) And DOCTO = Worksheets("INDX").
Cells(5 + CONTINDX, 9) Then

POS1 = Worksheets("INDX").Cells(5 + CONTINDX, 3) 'POSICIÓN EN BD REGISTROS DE FACTURAS
            MOVS = Worksheets("INDX").Cells(5 + CONTINDX, 4) 'NUMERO DE MOVS POR FACTURA (ARTS
FACTURADOS)
            POSMOV1 = Worksheets("INDX").Cells(5 + CONTINDX, 5) 'NUM RENGLON INIC EN BD SALIDAS
            CANCELAD = Worksheets("INDX").Cells(5 + CONTINDX, 6) 'INDICA CON No. 1 SI LA FACT ESTA CANCELADA
            TOPER = Worksheets("INDX").Cells(5 + CONTINDX, 7) 'INDICA 0 SI ES AL CONTADO, 1 SI ES A CREDITO
POSCLIENT = Worksheets("INDX").Cells(5 + CONTINDX, 8) 'NUM D RENGLON EN BD CLIENTE

        Worksheets("PRINCIPAL").Cells(4, 4) = Worksheets("CLIENTES").Cells(POSCLIENT, 3)
        Worksheets("PRINCIPAL").Cells(4, 20) = Worksheets("CLIENTES").Cells(POSCLIENT, 2)
        Worksheets("PRINCIPAL").Cells(4, 23) = MOVS
            Worksheets("PRINCIPAL").Cells(6, 4) = Worksheets("CLIENTES").Cells(POSCLIENT, 6) & " " &
Worksheets("CLIENTES").Cells(POSCLIENT, 7) & " E/ " & _
            Worksheets("CLIENTES").Cells(POSCLIENT, 8) & " " & Worksheets("CLIENTES").Cells(POSCLIENT, 9)
            Worksheets("PRINCIPAL").Cells(6, 20) = Worksheets("CLIENTES").Cells(POSCLIENT, 10) & ", " &
Worksheets("CLIENTES").Cells(POSCLIENT, 13)
        Worksheets("PRINCIPAL").Cells(6, 23) = Me.NUMERO.Value
        If TOPER = 1 Then
            Worksheets("PRINCIPAL").Cells(8, 2) = "CREDITO"
        Else
            Worksheets("PRINCIPAL").Cells(8, 2) = "CONTADO"
        End If
        If Me.FACTURA_S.Value = True Then
            Worksheets("PRINCIPAL").Cells(8, 13) = Worksheets("REGISTROS").Cells(POS1, 6)
            Worksheets("PRINCIPAL").Cells(8, 18) = Worksheets("REGISTROS").Cells(POS1, 7)
            Worksheets("PRINCIPAL").Cells(8, 20) = Worksheets("REGISTROS").Cells(POS1, 8)
            Worksheets("PRINCIPAL").Cells(8, 22) = Worksheets("REGISTROS").Cells(POS1, 9)
        Else
            Worksheets("PRINCIPAL").Cells(8, 13) = Worksheets("NOTAVTA").Cells(POS1, 6)
            Worksheets("PRINCIPAL").Cells(8, 18) = Worksheets("NOTAVTA").Cells(POS1, 7)
            Worksheets("PRINCIPAL").Cells(8, 20) = Worksheets("NOTAVTA").Cells(POS1, 8)
            Worksheets("PRINCIPAL").Cells(8, 22) = Worksheets("NOTAVTA").Cells(POS1, 9)
        End If
        For CONTMOVS = 1 To MOVS
            Worksheets("PRINCIPAL").Cells(11 + CONTMOVS, 1) = CONTMOVS
            Worksheets("PRINCIPAL").Cells(11 + CONTMOVS, 5) = Worksheets("SALIDAS").Cells(POSMOV1 +
CONTMOVS - 1, 6)
            Worksheets("PRINCIPAL").Cells(11 + CONTMOVS, 17) = Worksheets("SALIDAS").Cells(POSMOV1 +
CONTMOVS - 1, 7)
            Worksheets("PRINCIPAL").Cells(11 + CONTMOVS, 18) = Worksheets("SALIDAS").Cells(POSMOV1 +
CONTMOVS - 1, 8)
```

```
          Worksheets("PRINCIPAL").Cells(11 + CONTMOVS, 19) = Worksheets("SALIDAS").Cells(POSMOV1 +
CONTMOVS - 1, 9)
          Worksheets("PRINCIPAL").Cells(11 + CONTMOVS, 20) = Worksheets("SALIDAS").Cells(POSMOV1 +
CONTMOVS - 1, 10)
          Worksheets("PRINCIPAL").Cells(11 + CONTMOVS, 22) = Worksheets("SALIDAS").Cells(POSMOV1 +
CONTMOVS - 1, 11)
          Worksheets("PRINCIPAL").Cells(11 + CONTMOVS, 23) = Worksheets("SALIDAS").Cells(POSMOV1 +
CONTMOVS - 1, 12)
      Next CONTMOVS
      CONTINDX = REGSINDX

   Me.Hide
   End

     Else
       If CONTINDX = REGSINDX Then
ERRORNO.MENSAJE.Caption = "¡FOLIO DE FACTURA INEXISTENTE!"
ERRORNO.Show
       End If
     End If
Next CONTINDX

Else

   ERRORNO.MENSAJE.Caption = "¡NÚMERO INVALIDO!"
ERRORNO.Show

End If

End Sub
```

CommandButton1 CANCELA

Detiene la ejecución de la macro y cierra la ventana del formulario, la configuración de las propiedades del control son las siguientes:

Propiedad	Valor	Propiedad	Valor
Name	CommandButton1	Caption	CANCELA
Position – Height	24	Position – Left	18
Position – Top	78	Position – Width	72

El código del botón de comando es el siguiente:

```
Private Sub CommandButton1_Click()

Me.Hide

Cells(4, 4) = ""
Cells(4, 20) = ""
Cells(4, 23) = ""
Cells(6, 4) = ""
Cells(6, 20) = ""
Cells(6, 23) = ""
Cells(8, 2) = ""
Cells(8, 13) = ""
Cells(8, 18) = ""
Cells(8, 20) = ""
Cells(8, 22) = ""
Cells(10, 19) = ""
Cells(10, 22) = ""

 Rows("12:12").Select
 Range(Selection, Selection.End(xlDown)).Select
 Selection.Delete Shift:=xlUp

End
End Sub
```

Cancelar facturas/notas de venta emitidas.

Para cancelar una nota o factura, de la hoja de trabajo "PRINCIPAL" se incluirá un botón de comando que despliegue el formulario "FCANCELACION":

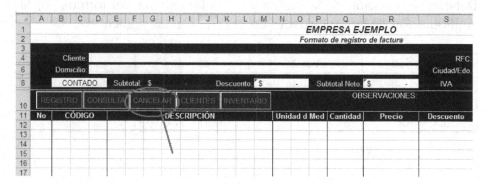

El código del botón de comando es el siguiente:

```
Private Sub cancelaciones_Click()

FCANCELACION.Show

End Sub
```

Lo anterior desplegará en pantalla el siguiente formulario llamado FCANCELACION:

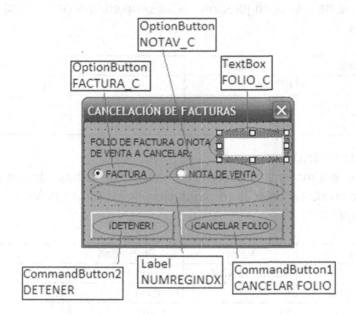

TextBox FOLIO_C
Control de texto que captura el número de folio de la factura o nota de venta que se desea cancelar, la configuración de las propiedades del control son las siguientes:

Propiedad	Valor	Propiedad	Valor
Name	FOLIO_C	Value	
Position – Height	18	Position – Left	120
Position – Top	12	Position – Width	54

OptionButton FACTURA_C
Botón de opción para seleccionar como documento a cancelar es una "factura", la configuración de las propiedades del control son las siguientes:

Propiedad	Valor	Propiedad	Valor
Name	FACTURA_C	Value	True
Position – Height	18	Position – Left	6
Position – Top	36	Position – Width	64.5

OptionButton NOTAV_C
Botón de opción para seleccionar como documento a cancelar es una
"nota de venta", la configuración de las propiedades del control son las
siguientes:

Propiedad	Valor	Propiedad	Valor
Name	NOTAV_C	Value	False
Position – Height	18	Position – Left	78
Position – Top	36	Position – Width	93

Label NUMREGINDX
Etiqueta que almacena el número de registro de la base de datos INDX
del documentoa cancelar, la configuración de las propiedades del control
son las siguientes:

Propiedad	Valor	Propiedad	Valor
Name	NUMREGINDX	Caption	
Position – Height	18	Position – Left	18
Position – Top	54	Position – Width	150

CommandButton2 CANCELAR FOLIO
Botón de comando que busca en los registros el documento a cancelar
y despliega en pantalla el formulario para confirmar la cancelación, la
configuración de las propiedades del control son las siguientes:

Propiedad	Valor	Propiedad	Valor
Name	CommandButton2	Caption	CANCELAR FOLIO
Position – Height	24	Position – Left	84
Position – Top	78	Position – Width	90

El código de éste botón es el siguiente:

```
Private Sub CommandButton2_Click()

Dim REGSINDX, CONTINDX As Double
Dim POS1, MOVS, POSMOV1, POSCLIENT, CONTMOVS, POSCREDITO As Long
Dim CANCELAD, TOPER As Byte
Dim NUMCONSUL, DOCTO As String
Dim VALIDAR As Boolean

NUMCONSUL = Me.FOLIOC.Value
REGSINDX = Worksheets("INDX").Cells(2, 2)

If Me.FACTURA_C.Value = True Then
    DOCTO = "FC"
Else
    DOCTO = "NV"
End If

If IsNumeric(NUMCONSUL) = True Then
    For CONTINDX = 1 To REGSINDX

    If CDbl(NUMCONSUL) = Worksheets("INDX").Cells(5 + CONTINDX, 2) And DOCTO = Worksheets("INDX").
Cells(5 + CONTINDX, 9) Then
        Me.NUMREGINDX.Caption = CONTINDX
        CONFIRMAR.Show
        CONTINDX = REGSINDX
    Else
        If CONTINDX = REGSINDX Then
ERRORNO.MENSAJE.Caption = "¡FOLIO DE FACTURA INEXISTENTE!"
ERRORNO.Show
        End If
    End If
Next CONTINDX

Else

    ERRORNO.MENSAJE.Caption = "¡NÚMERO INVALIDO!"
ERRORNO.Show

End If
End Sub
```

CommandButton2 DETENER

Botón de comando que detiene la ejecución de la macro y cierra el formulario, la configuración de las propiedades del botón son las siguientes:

Propiedad	Valor	Propiedad	Valor
Name	CommandButton2	Caption	DETENER
Position – Height	24	Position – Left	6
Position – Top	78	Position – Width	72

El código del botón de comando es el siguiente:

```
Private Sub CommandButton1_Click()
Me.Hide
 End
End Sub
```

Formulario CONFIRMAR

Este formulario se despliega cuando se selecciona en el formulario FCANCELACION el botón "CANCELAR FOLIO", y es básicamente reconfirmar la decisión del usuario para que solo en caso de se tenga la certeza de que es la factura a cancelar, los controles que conforman el formulario son los siguientes:

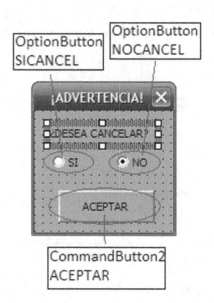

OptionButton SICANCEL

Botón de opción para confirmar la cancelación del documento, las propiedades son las siguientes:

Propiedad	Valor	Propiedad	Valor
Name	SICANCEL	Value	True
Position – Height	18	Position – Left	12
Position – Top	30	Position – Width	44.25

OptionButton NOCANCEL
Botón de opción para descartar la cancelación del documento, las propiedades son las siguientes:

Propiedad	Valor	Propiedad	Valor
Name	NOCANCEL	Value	False
Position – Height	18	Position – Left	60
Position – Top	30	Position – Width	33

CommandButton1 "ACEPTAR":
Ejecuta la macro que cancelará la factura o nota de venta. Las propiedades del botón de comando es el siguiente:

Propiedad	Valor	Propiedad	Valor
Name	CommandButton1	Caption	ACEPTAR
Position – Height	24	Position – Left	18
Position – Top	60	Position – Width	72

El código del botón de comando es el siguiente:

```
Private Sub CommandButton2_Click()

Dim CONTINDX, VALIDAR As Double
Dim CONTMOVSC As Byte

CONTINDX = FCANCELACION.NUMREGINDX.Caption

If Me.SICANCEL.Value = True Then
POS1 = Worksheets("INDX").Cells(5 + CONTINDX, 3) 'POSICIÓN EN BD REGISTROS DE FACTURAS
    MOVS = Worksheets("INDX").Cells(5 + CONTINDX, 4) 'NUMERO DE MOVS POR FACTURA (ARTS FACTURADOS)
    POSMOV1 = Worksheets("INDX").Cells(5 + CONTINDX, 5) 'NUM RENGLON INIC EN BD SALIDAS
    CANCELAD = Worksheets("INDX").Cells(5 + CONTINDX, 6) 'INDICA CON No. 1 SI LA FACT ESTA CANCELADA
    TOPER = Worksheets("INDX").Cells(5 + CONTINDX, 7) 'INDICA 0 SI ES AL CONTADO, 1 SI ES A CREDITO
POSCLIENT = Worksheets("INDX").Cells(5 + CONTINDX, 8) 'NUM D RENGLON EN BD CLIENTE
    POSCREDITO = Worksheets("INDX").Cells(5 + CONTINDX, 10) 'NUM D RENGLON EN SALDOS "FACTURAS A CREDITO"

    Worksheets("INDX").Cells(5 + CONTINDX, 6) = 1

    If FCANCELACION.FACTURA_C.Value = True Then
    VALIDAR = Worksheets("REGISTROS").Cells(POS1, 1)
    If VALIDAR = FCANCELACION.FOLIOC.Value Then
Worksheets("REGISTROS").Cells(POS1, 4) = "**** CANCELADA ****" 'NOMBRE CLIENTE
Worksheets("REGISTROS").Cells(POS1, 5) = "" 'SUBTOTAL1
    Worksheets("REGISTROS").Cells(POS1, 6) = "" 'DESCUENTO
    Worksheets("REGISTROS").Cells(POS1, 7) = "" 'SUBTOTAL2
    Worksheets("REGISTROS").Cells(POS1, 8) = "" 'IVA
    Worksheets("REGISTROS").Cells(POS1, 9) = "" 'TOTAL
    End If
```

```
Else
  VALIDAR = Worksheets("NOTAVTA").Cells(POS1, 1)
  If VALIDAR = FCANCELACION.FOLIOC.Value Then
Worksheets("NOTAVTA").Cells(POS1, 4) = "**** CANCELADA ****" 'NOMBRE CLIENTE
Worksheets("NOTAVTA").Cells(POS1, 5) = "" 'SUBTOTAL1
    Worksheets("NOTAVTA").Cells(POS1, 6) = "" 'DESCUENTO
    Worksheets("NOTAVTA").Cells(POS1, 7) = "" 'SUBTOTAL2
    Worksheets("NOTAVTA").Cells(POS1, 8) = "" 'IVA
    Worksheets("NOTAVTA").Cells(POS1, 9) = "" 'TOTAL
  End If
  End If

  For CONTMOVSC = 1 To MOVS
' VALIDAR = Worksheets("SALIDAS").Cells(POSMOV1 + CONTMOVSC - 1, 2) = "" 'NUMERO DE FACTURA O
NOTA
' If VALIDAR = FCANCELACION.FOLIOC.Value Then
Worksheets("SALIDAS").Cells(POSMOV1 + CONTMOVSC - 1, 5) = "**** CANCELADO ****" 'NOMBRE DEL
CLIENTE
Worksheets("SALIDAS").Cells(POSMOV1 + CONTMOVSC - 1, 6) = "" 'DESCRIPCION
    Worksheets("SALIDAS").Cells(POSMOV1 + CONTMOVSC - 1, 7) = "" 'CANTIDAD
    Worksheets("SALIDAS").Cells(POSMOV1 + CONTMOVSC - 1, 8) = "" 'PRECIO UNITARIO
    Worksheets("SALIDAS").Cells(POSMOV1 + CONTMOVSC - 1, 9) = "" 'DESCUENTO
    Worksheets("SALIDAS").Cells(POSMOV1 + CONTMOVSC - 1, 10) = "" 'IMPORTE DE VENTA
    Worksheets("SALIDAS").Cells(POSMOV1 + CONTMOVSC - 1, 11) = "" 'IVA
    Worksheets("SALIDAS").Cells(POSMOV1 + CONTMOVSC - 1, 12) = "" 'TOTAL
    Worksheets("SALIDAS").Cells(POSMOV1 + CONTMOVSC - 1, 13) = "" 'UM
    Worksheets("SALIDAS").Cells(POSMOV1 + CONTMOVSC - 1, 14) = "" 'DOCTO
  ' End If
  Next CONTMOVSC

  If TOPER = 1 Then
    Worksheets("SALDOS").Cells(POSCREDITO, 7) = "" 'CANTIDAD
    Worksheets("SALDOS").Cells(POSCREDITO, 8) = "2" 'STATUS
Worksheets("SALDOS").Cells(POSCREDITO, 9) = "**** CANCELADO ****" 'NOMBRE DEL CLIENTE
End If

  Me.Hide
  FCANCELACION.Hide
  End

Else
  Me.Hide
  FCANCELACION.Hide
End

End If


End Sub
```

Botón de comando CLIENTES:
Botón que vincula la hoja donde se encuentra la base de datos CLIENTES:

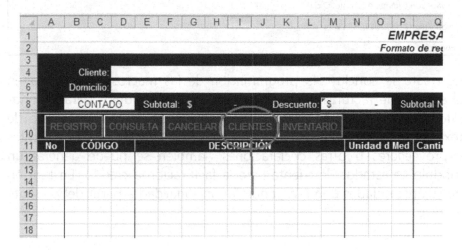

El código del botón es el siguiente:

```
Private Sub CommandButton5_Click()
Worksheets("CLIENTES").Select
End Sub
```

Botón de comando INVENTARIO:
Botón que vincula la hoja donde se encuentra la base de datos PRODUCTOS:

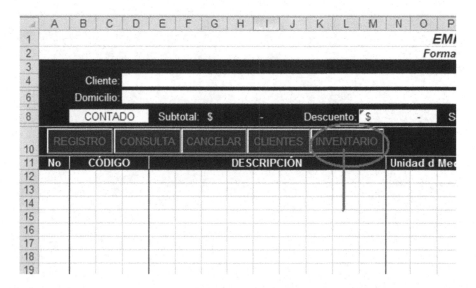

El código del botón es el siguiente:

```
Private Sub CommandButton6_Click()
Worksheets("PRODUCTOS").Select
End Sub
```

Con esto se concluye la programación de las macros que componen el sistema de facturas. Es posible agregar otros módulos para exportar información como por ejemplo, un módulo que genere un archivo de texto para exportar datos de clientes para la declaración anual de clientes y proveedores u otras declaraciones. También se puede generar un modulo de estados de cuenta para la facturación a crédito. En función de sus necesidades podrá expandir la funcionalidad a partir del presente archivo.

RECOMENDACIONES GENERALES

PROTECCIÓN DE ACCESO A LA INFORMACIÓN DEL ARCHIVO.

Se recomienda que al programar macros que contengan datos de empresas u organizaciones, se proteja la información y acceso al archivo, para evitar un mal uso de dicha información. Una manera de protección de datos es asignando clave al archivo y al acceso a la macro, de tal manera que dificulte el acceso a usuarios no deseados en caso de que la computadora de trabajo sea compartida o se trabaje con almacenamiento en red.

Para proteger el archivo con contraseña realice los pasos siguientes:

1. Al momento de grabar el archivo aparecerá la ventana para "Guardar como" y seleccionamos el botón de "Herramientas":

2. Seleccionamos "Opciones Generales":

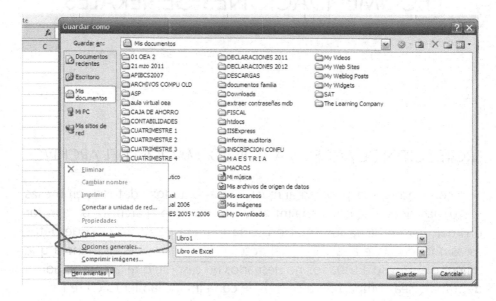

3. Aparecerá una nueva ventana donde capturamos una contraseña para abrir el archivo y la confirmamos, posteriormente hacemos clic en "Aceptar":

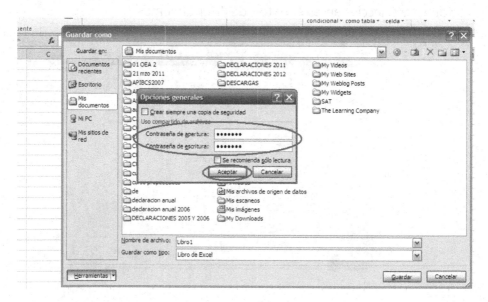

4. Capturamos el nombre del archivo y hacemos clic en "Guardar":

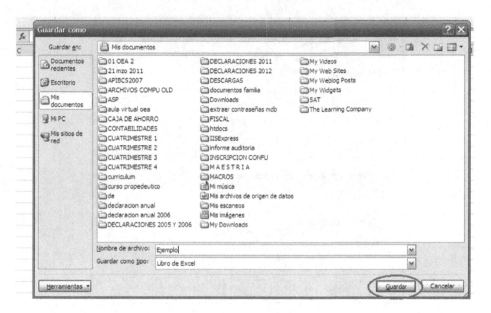

BLOQUEO AL ACCESO DEL CÓDIGO DE LA MACRO:

Si se desea bloquear el acceso al código de programación de la Macro:

1. Abrimos el entorno de programación, seleccionamos en el menú principal "Herramientas" y posteriormente "Propiedades de VBAproject":

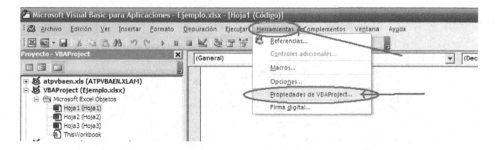

2. Se desplegará en pantalla una ventana, seleccionamos "Protección":

3. Activamos la casilla de "Bloquear proyecto para visualización", escribimos y confirmamos la contraseña, para posteriormente hacer clic en "Aceptar":

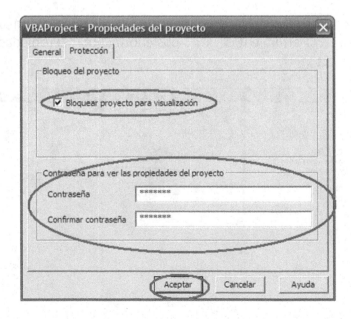

Grabamos el archivo para que se complete la configuración de seguridad. Es recomendable proteger los datos y el código de la Macro, ya que la información es un valioso recurso que debe utilizarse para beneficio, el permitir el acceso libre a datos puede resultar perjudicial en función de la información que contenga el archivo.

DEPURAR CÓDIGO EJECUTANDO PASO A PASO LA MACRO:

En ocasiones cuando se programa una Macro con un código muy extenso, es común que el resultado en tiempo de ejecución no sea el esperado, sobre todo, por un mal manejo de variables y/o funciones que realizan la operación tal como se programó pero que no se tuvo el cuidado de verificar su adecuada declaración.

Es por lo anterior que es de mucha utilidad conocer como depurar el código de una Macro en función de las variables declaradas. El siguiente tema expone brevemente como ejecutar paso a paso una macro agregando inspección de variables para observar los valores en tiempo de ejecución:

Primero abrimos el archivo de Excel donde se encuentra la Macro a analizar y posteriormente abrimos el entorno de programación:

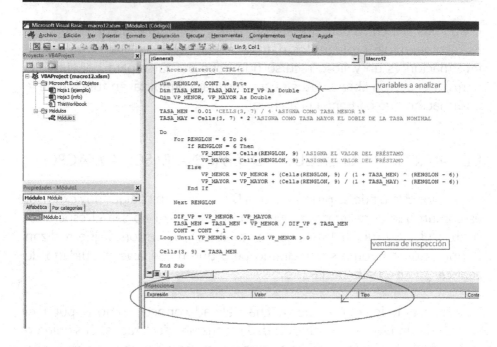

En la ventana de inspección de proyectos vamos a agregar las variables que deseamos monitorear su valor en tiempo de ejecución, por lo que en el menú principal seleccionamos "Depuración" lo que desplegará un submenú de opciones, seleccionamos "Agregar inspección", lo que desplegará en pantalla una ventana para agregar inspección y agregamos las variables (una por una):

Una por una se agregarán las variables en la ventana de inspección que aparece en la ventana inferior del entorno de programación:

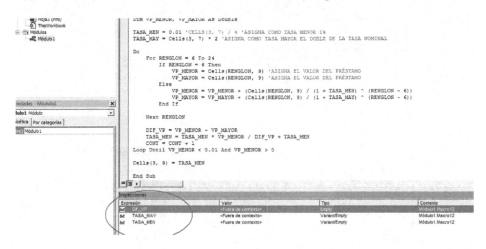

Una vez que se hayan agregado todas las variables a observar, ejecutamos la macro línea por línea de código, por lo que seleccionamos del menú principal "Depuración" y posteriormente "Paso a paso por instrucciones" (se puede también seleccionar la tecla de función "F8"):

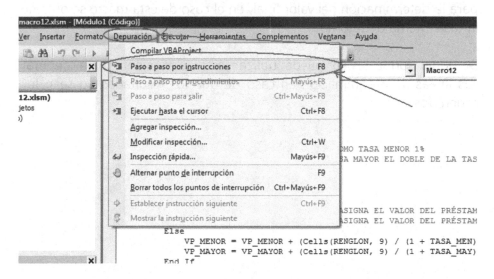

Lo anterior ejecutará línea por línea el código, resaltando de color amarillo la línea que se va a ejecutar, avanzamos presionando la tecla de función

"F8" varias veces hasta que se llegue a la línea donde se asigna o modifica el valor de las variables a observar:

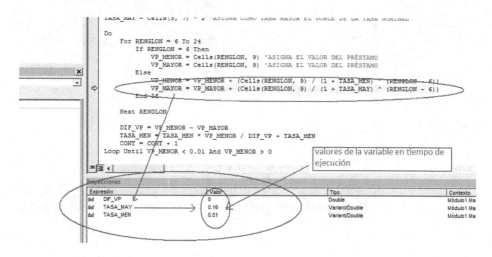

Lo anterior nos mostrará los valores que se asignan a la variable en tiempo de ejecución, por lo que podremos observar si está realizando las operaciones que nosotros esperamos para obtener los valores necesarios para la determinación del valor final, en el caso de ésta macro se obtiene la tasa interna de retorno.

De igual forma usted puede utilizar esta herramienta para depurar sus líneas de programación en caso de que los resultados no sean los esperados.

REFLEXIÓN FINAL

La Macros ha representado una gran oportunidad de automatizar el trabajo administrativo en diferentes cargos que he desempeñado, y no dudo de la gran utilidad y aplicación que se le puede dar para mejorar la manera en como trabajamos, el tiempo que dedicamos a ciertas tareas rutinarias y como evitamos generar errores por obviar pasos o procedimientos de manera discrecional, situaciones que pudieran ser evitadas si programamos los criterios y que un procesador realice las operaciones en las que no se requiere el libre criterio profesional, sino la constancia en la aplicación de criterios definidos y políticas. He mencionado anteriormente que pueden existir infinito número de caminos para encontrar la solución a un problema, solo es cuestión de que abras tu mente y explorar el universo de posibilidades y opciones que tienes para tomar decisiones, resolver problemas y asumir una actitud propositiva y proactiva, que permita el disfrutar el analizar una situación o problema, así como, el camino para obtener la solución y finalmente alcanzarla. La semilla del conocimiento es algo que se siembra de muchas maneras, a veces de manera insólita la solución viene del error, es por ello que no debemos temer en equivocarnos o dejar de intentarlo, ya que es doble el aprendizaje que se obtiene el resultado esperado: se conoce la respuesta y se adquiere el conocimiento o habilidad para resolver los problemas similares.

Izcoatl Antonio Inzunza Romero.

BIBLIOGRAFÍA

Ayuda de Microsoft Excel Office®
Referencia del programador de Excel® 2010 Ayuda y procedimientos
Autor: Microsoft Corporation©.

Evaluación de proyectos – tercera edición. Gabriel Baca Urbina. Ed. McGraw Hill